Inhalt 目录

Lektion 1 第一课

A Reisen

Nomen 名词 ···

   die Bedeutung, -en 意思，意义

   die Bildung (nur Sg.) 教育，形成，建立

   die Dienstreise, -n 出差，公务差旅

   die Entscheidung, -en 决定，抉择

   die Entspannung (nur Sg.) 放松，缓和

   die Ersparnis, -se 节省，解约，积蓄

   der Fall, -ä-e 事件，情况 *auf keinen Fall* 无论如何不

   der Fallschirm, -e 降落伞

   die Formulierung, -en 表达，表述，措辞

   der Fragebogen, -ö- 问卷表格，调查表

   die Fremde (nur Sg.) 外地，外国

   die / der Fremde, -n 陌生人，外国人

   die Jugendherberge, -n 青年旅馆

   der Kommentar, -e 评论，注释

   das Kriterium, Kriterien 标准，规范

   das Motel, -s 汽车旅馆

   das Motiv, -e 动机，起因，题材

   das Panorama, Panoramen 全景

   die Pauschalreise, -n 包价旅行，全包旅行

   die Prozentzahl, -en 百分数

   der/die, Reisende, -n 旅客，游客

   die Reisewut (nur Sg.) 旅行狂热，旅行癖好

   der Spruch, -ü-e 格言，警句

der Tor, -en 笨蛋，傻瓜

die Umweltbelastung (nur Sg.) 环境污染

das Urlaubsziel, -e 度假目的地

der Weise, -n 智者

die Zuordnung, -en 归类，分配

Verben 动词 ··

ansprechen, spricht an, sprach an, hat angesprochen 打招呼，攀谈，提起

ausbrechen (aus), bricht aus, brach aus, ist ausgebrochen 逃走，折断，爆发

ausprobieren, probiert aus 试验，试用

austauschen (sich), tauscht aus 交流，交换，替换

einschränken, schränkt ein 限制，紧缩

faulenzen 偷懒，无所事事

finanzieren (durch) 资助，提供资金

flirten 调情，卖弄风情

identifizieren 把……和……视为相同，认出，鉴定

lehren 教，讲授

notieren 记录，记下

ruhen 休息，停顿

verringern 减少，缩小

zurechtkommen, kommt zurecht, kam zurecht, ist zurechtgekommen 相处融
  洽，能胜任，及时赶到

Adjektive 形容词 ··

anonym 匿名的，无名的

folgend- 如下的，下列的

idyllisch 田园风光的，悠闲的

malerisch 绘画的，美丽如画的

neidisch 妒忌的，羡慕的

pittoresk 风景如画的

planlos 盲目的，无计划的

planvoll 有计划的，系统的

sprachlich 语言上的

teilweise 部分地

vorwiegend 主要的

zweitwichtigsten 第二重要的

Adverb 副词 ··

eher (nicht) 较早，更，宁愿（不）

indes (od. Konj.) 然而，在此期间

Kleine Wörter 其他词 ··

sonstiges 别的，其他的

vor allem 首先

B Urlaubsreisen

Nomen 名词 ··

das Abenteuer, - 冒险

die Abreise, -n 动身，启程

die Alpen (nur Pl.) 阿尔卑斯山

die Anfrage, -en 询问，调查

die Anrede, -n 称呼

die Anreise, -n 到达

die Beschäftigung, -en 活动，工作

die Besichtigung, -en 参观，观光

das Dampfbad, -ä-er 蒸汽浴

die Donau (Fluss) 多瑙河

der Dschungel (nur Sg.) 丛林

das Erlebnis, -se 经历，经验

die Expedition, -en 考察旅行

das Fernweh (nur Sg.) 对远方的向往，渴望远方

das Fitness-Center, - 健身中心

das Freibad, -ä-er 室外游泳池，露天游泳场

der Geschäftsbrief, -e 商务信函

das Gipfelglück (nur Sg.) 登顶的喜悦

die Grußformel, -n 问候用语

die Gymnastik (nur Sg.) 体操

das Hallenschwimmbad, -ä-er 室内游泳池

die Besteigung, -en 上升，登高

die Hütte, -n 小屋，茅舍

die Instruktion, -en 教导，指导，指示

die Karawane, -n 荒漠商队，荒漠考察队

die Klassik (nur Sg.) 古典文艺，古典时期

die Kombinationsreise, -n 组合旅行

der Kontrast, -e 对照，对比

die Leistungsfähigkeit (nur Sg.) 效率，能力，工作能力

das Luxushotel, -s 豪华酒店，高级酒店

das Mittelklassehotel, -s 中档酒店

das Mountainbike, -s 山地自行车

das Nationaltheater, - 国家大剧院

das Nordic-Walking (nur Sg.) 北欧式健走

die Oase, -n 绿洲

das Orchester, - 乐团，管弦乐队

der Pianist, -en 钢琴演奏者，钢琴家

die Radtour, -en 骑自行车旅游

der Redebeitrag, -ä-e 演讲稿

der Routenverlauf, -ä-e 路线

der Ruhebereich, -e 休息区

der Rundgang, -ä-e 周游，巡回，逛一圈

die Sauna, Saunen 桑拿浴，蒸汽浴

die Saunawelt, -en 桑拿中心

der Stil, -e 风格，式样，作风

die Suite, -n 酒店套房

das Survival-Training, -s 生存训练

der Survival-Trip, -s 求生之旅，荒野生存

das Topangebot, -e 顶级产品

der Transfer, -s 转车，转送，转让

die Trekkingtour, -en 徒步旅行

das Überlebenstraining, -s 生存训练

die Verlängerung, -en 延长，延伸

der Versicherungsvertreter, - 保险代理人

die Verwöhnpension, -en 豪华食宿

die Wanderung, -en 徒步，漫游，远足

die Wellnessurlaub, -e 健康度假，健康之旅

die Weltumsegelung, -en （乘帆船）环球航行

die Wüste, -en 沙漠，荒地

das Yoga (nur Sg.) 瑜伽

Verben 动词

ausdehnen, dehnt aus 使膨胀，扩大，延长

befragen 询问，打听，咨询

beeindrucken 留下深刻印象

bummeln 闲逛，转悠

eintauchen, taucht ein 潜入水中，浸入

erkunden 查明，侦查出

handeln (sich) (um) 关系到，涉及，采取行动

herausfinden, findet heraus, fand heraus, hat herausgefunden 查明，找到

hervorgehen (aus), geht hervor, ging hervor, ist hervorgegangen 产生，出现，
　得知

unterkommen, kommt unter, kam unter, ist untergekommen 住下，被录用

verfügen 占有，支配，使用

verkürzen 缩短，减少

verteidigen 辩护，保卫，防卫

verweilen 停留，逗留，耽搁

Adjektive 形容词

abwechslungsreich 多样化的，多元化的

außergewöhnlich 特殊的，不寻常的，杰出的

belastbar 能负重的，能承受的

beliebt 受欢迎的，受喜爱的

bizarr 奇异的，诡异的，古怪的

dichterisch 富有诗意的，诗歌的

einmalig 一次的，唯一的，出色的

endlos 无穷的，无尽的，无限的

exklusiv 高级的，除外的

exotisch 异域风情的，异国情调的

faszinierend 吸引人的，有魅力的

gegenseitig 双方的，相互的

golden 金色的，金制的

heimelig 亲切的，舒适的

historisch 历史的，历史性的

höfisch 宫廷的，高雅的

informell 非正式的，非官方的

jeweilig 每个，各自的，当时的

kürzlich 最近，不久之前

riesig 巨大的，宏伟的

ständig 持续的，不断的，常设的

tägig ……天的 *14-tägig 14天的*

traumhaft 梦一般的，梦幻的

verkehrsgünstig 交通便利的

zweiminütig 两分钟的

Präpositionen 介词 ···

mithilfe 在帮助下，借助，凭借

inkl. 被包括在内 (inklusive的缩写形式)

via 通过，经由

Konjunktion 连词 ··

bzw. 或者，更确切地说 (beziehungsweise的缩写形式)

im Voraus 预先，事先

je … desto 越……越……

p. P. 每人，每位 (pro Person 的缩写形式)

richtig liegen 是正确的

Wert legen auf 重视某事

C Reiseplanung

Nomen 名词 ••

das Argument, -e 论据，理由

die Auffassung, -en 见解，观点，理解

der Biergarten, -ä- 啤酒园，露天啤酒馆

die Einigung, -en 统一，协调一致

der Einwand, -ä-e 异议，反对意见

das Element, -en 要素，基本原理，化学元素

das Gespräch, -e 谈话，交谈 *ein Gespräch führen* 进行谈话

die Gesprächsführung, -en 会谈

der Hauptunterschied, -e 主要区别，主要差别

die Hausarbeit, -en 家务，作业

die Klammer, -n 夹子，括号

die Kosten (nur Pl.) 花费，支出 *auf seine Kosten kommen* 物有所值

der Pool, -s 水池，合伙经营

die Reiseplanung, -en 旅行计划

die Rollenkarte, -n 角色卡片

die Variante, -n 变形，变种，变异

die Wohngemeinschaft, -en 合租公寓 (缩写：WG, die, -s)

Verben 动词 ••

ableiten, leitet ab 推导出，得出

ankreuzen, kreuzt an 打叉标记，用十字标记

anschließen (an), schließt an, schloss an, hat angeschlossen 连接，锁上，附加

beantworten 回答，答复

bestehen (auf), besteht, bestand, hat bestanden 存在，坚持

beteiligen (sich) (an) 参加，加入

beurteilen 评价，判断

darstellen, stellt dar 描述，表达，表演

einigen (sich) (auf) 统一，联合

ergänzen 补充，充实

hervorheben, hebt hervor, hob hervor, hat hervorgehoben 强调，突出

kombinieren 使联合，推理，推断

latschen 趿拉着鞋走，打耳光

relaxen 使松弛，缓和

umschreiben, schreibt um, schrieb um, hat umgeschrieben 改写，重写，说明

unterbrechen, unterbricht, unterbrach, hat unterbrochen 暂停，中断，打断

unterkommen, kommt unter, kam unter, ist untergekommen 住下，找到位子，
    被录用

unternehmen, unternimmt, unternahm, hat unternommen 做，着手进行，采取
    （措施）

unterstreichen, unterstreicht, unterstrich, hat unterstrichen 在……下划线，强调

verlaufen, verläuft, verlief, ist verlaufen 消失，流逝，溶化

vermeiden, vermeidet, vermied, hat vermieden 避免，回避

verteidigen 保卫，防卫，辩护

vertragen, verträgt, vertrug, hat vertragen 忍受，忍耐，经受得住

vortragen, trägt vor, trug vor, hat vorgetragen 作报告，表演，陈述

zelten 露营，宿营

Adjektive 形容词

aggressiv 侵略的，攻击性的

berechtigt 合理的，合法的，有根据的

flexibel 可弯曲的，灵活的，可变通的

grafisch 图形的，图表的

harmonisch 和声的，和谐的

kontrovers (od. Adv.) 有争议的，对立的

megaanstrengend 超级疲惫的

optimal 最佳的，最理想的

stinklangweilig 无聊透顶的

stundenlang 数小时之久的

südlich 南部的，南方的

unterschiedlich 不同的，有区别的

Adverb 副词

andererseits 另一方面

zunächst 首先，暂时

Kleine Wörter 其他词

'tschuldigung 对不起（Entschuldigung的口语化缩写）

Wendungen 习惯用语

einerseits … andererseits 一方面……另一方面……

zwar … aber 虽然……但是……

D Mobilität im globalen Dorf

Nomen 名词

die Achse, -n 轴，轮轴 *auf Achse sein* 连轴转

das Antonym, -e 反义词，相反词

die Arbeitsstätte, -n 工厂场所，工作岗位

die Arbeitswelt, -en 职业领域，职场

der Aspekt, -e 角度，观点

die Autonomie (nur Sg.) 自治，独立，自主

der Ballast (nur Sg.) 累赘，负担，包袱

die Belastung, -en 负担，负债，负载

der Beleg, -e 单据，凭证

der/die Beschäftigte, - 员工，职员

die Beweglichkeit (nur Sg.) 可动性，敏捷性，灵活

die Beziehung, -en 关系，涉及 *eine Beziehung führen* 产生关系，谈恋爱

das Beziehungsnetz, -e 关系网络

die Distanz, -en 距离，间隔，疏远

die Eigenschaft, -en 性质，品质，性格

die Entfremdung, -en 疏远，疏离

die Entwicklung, -en 发展，成长，演化

der/die Erwerbsfähige, -n 具备工作能力的人，有谋生能力的人

die Fernliebe, -n 异地恋

die Flexibilität (nur Sg.) 柔韧性，灵活性，应变能力

die Folge, -n 结果，后果，顺序

die Forderung, -en 要求，需要，主张

die Generation, -en 辈，代

das Kärtchen, - 小卡片

die Klage, -n 诉苦，抱怨，起诉

die Last, -en 重担，负担，重物

die Lebensweise, -n 生活方式

der/die Mobile, - 移动，活动装置

die Mobilität (nur Sg.) 灵活性，变动情况

der Nomade, -n 游牧民，漂泊的人，无定居的人

das Nomadentum (nur Sg.) 游牧主义，游牧生活

die Ökonomie (nur Sg.) 经济学

die Partnerschaft, -en 伙伴关系，合作关系

der Pendler, - 通勤者，乘车上下班的人

die Persönlichkeit, -en 性格，品格，人物

das Persönlichkeitsmerkmal, -e 人格特点

die Selbstständigkeit (nur Sg.) 独立，自主

der Soziologe, -n 社会学

die Struktur, -en 结构，组织，构造

die Studie, -n 研究，论文，习作

das Synonym, -e 同义词，近义词

die Veränderung, -en 改变，变革，变动

die Verknüpfung, -en 连结，关系，联系

die Vorbedingung, -en 前提，先决条件，事先准备

die Wildnis (nur Sg.) 荒地，荒野，荒芜地区

der Zeitmangel (nur Sg.) 时间仓促，缺少时间

die Zunahme, -n 增长，增加

Verben 动词 ··

anpassen (sich), passt an 使合适，使适应

aufbrechen, bricht auf, brach auf, ist aufgebrochen 打开，裂开，出发

aufwiegen, wiegt auf, wog auf, hat aufgewogen 抵偿，补偿，抵消

beenden 结束，完成

benennen 取名，命名，提名

einleben, lebt ein 习惯，适应，进入

beurteilen 评价，判断

bezeichnen 作记号，说明，称作

einstellen 安置，聘用，调准

empfinden, empfindet, empfand, hat empfunden 感觉到，感到

ergeben, ergibt, ergab, hat ergeben 表明，产生，献身于

knüpfen 连结，联系

nehmen 拿，收下 *auf sich nehmen* 承担

stärken 使强壮，加强

wiedersehen 再见，重逢

Adjektive 形容词 ··

autark 自给自足的

beruflich 职业的，专业的

bundesdeutsch 联邦德国的

dauernd 持续的，不断的，经常的

durcheinander 零乱的，混乱的

gewohnt 习惯的，熟悉的

global 全球的，总体的，大致的

heutig 今日的，目前的

individuell 个人的，个别的，独特的

locker 松动的，松软的，轻松的

mobil 活动的，可移动的

nomadisch 游牧民族的，流浪的，无定居的

rasch 敏捷的，迅速的

unnötig 不必要的，多余的

zivilisiert 开化的，文明的

Adverb 副词 ···

zuvor 首先，以前，之前

Wendungen 习惯用语 ···

dagegen/dafür sprechen 表示反对/赞成

Gefahr bestehen 存在危险

Hin und Her 来来回回，反反复复

E Wenn einer eine Reise tut …

Nomen 名词 ···

der Ablauf, -ä-e 流走，流程，过程

der Auslandseinsatz, -ä-e 海外派遣，国外任务

die Bekleidung, -en 服装，衣物

der Brocken, - 碎块，小片

der Defekt, -e 缺陷，损坏，亏损

das Gate, -s 门，登机口

der Gedanke, -n 思想，想法 *sich Gedanken machen* 思考，考虑

der Heimflug, -ü-e 回家的航班

der Horror (nur Sg.) 恐惧，惧怕

das Interview, -s 面试，采访 *ein Interview führen* 进行采访

die Klinik, -en 诊疗所，（专科）医院

die Komplikation, -en 错综复杂，麻烦

der Nerv, -en 神经，精神状态 *fertig mit den Nerven sein* 神经崩溃

die Panik (nur Sg.) 恐慌，混乱 *in Panik geraten* 陷入恐慌

die Sicht (nur Sg.) 视线，视野，眼光

der Sonderflug, -ü-e 特殊航班

die Stewardess, -en 女空乘人员，空姐

das Vorbereitungsprogramm, -e 准备程序，准备项目

die Weitergabe, -n 转让，传播

der Wickelrock, -ö-e 围裙，裹裙

der Zuhörer, - 听众

Verben 动词 ··

aufschrecken, schreckt auf 惊醒，震惊

ausfallen, fällt aus, fiel aus, ist ausgefallen 掉落，脱落

auskennen (sich), kennt aus, kannte aus, hat ausgekannt 精通，熟悉，善于应付

einfügen, fügt ein 插入，添加

einleiten, leitet ein 开始，作序言，采取

herauskommen, kommt heraus, kam heraus, ist herausgekommen 出来，出版，
  得出结果

herausstellen (sich), stellt heraus 强调，把……陈列出来，表明

losrennen, rennt los, rannte los, ist losgerannt 开始运行，开始跑步

rasen 咆哮，暴怒，飞奔

schaukeln 荡秋千，摇晃

schildern 叙述，描述

stöhnen 呻吟，抱怨，悲叹

stützen 支撑，倚靠，证明

verbrennen, verbrennt, verbrannte, ist verbrannt 晒伤，烧毁，烤焦

zittern 发抖，颤抖，害怕

Adjektive 形容词 ··

anschaulich 直观的，形象的，明显的

emotional 情绪上的，感情上的

enorm 极大的，巨大的，精彩的

heftig 强烈的，激烈的，发怒的

instabil 不稳定的

klapprig 破旧的，虚弱的

schulterlang 长及肩膀的，垂肩的

sonnengebräunt 晒黑的

stürmisch 狂风的，暴雨的，迅猛的

total 彻底的，全面的

unterhaltend 娱乐性的，消遣性的，支持的

winzig 极小的，非常小的

Adverb 副词 ···

überallhin 到处，在海外

Numerale 数词 ···

anderthalb 一个半

F Arbeiten, wo andere Urlaub machen

Nomen 名词 ···

der Aschenbecher, - 烟灰缸

die Düne, -n 沙丘

die Fortsetzung, -en 持续，继续，延续

die Gänsehaut (nur Sg.) 鸡皮疙瘩

das Gedicht, -e 诗歌

das Geräusch, -e 噪音，嘈杂声

die Geschäftsidee, -n 商业点子，经营理念

die Halbinsel, -n 半岛

die Handvoll, -e 一把，少数

das Klopfen (nur Sg.) 敲门，敲击，脉搏

die Kurverwaltung, -en 温泉疗养胜地

das Lagerfeuer, - 篝火，营火

das Saisongeschäft, -e 季节性生意

das Schema, Schemen 图标，示意图，模式

der Seeblick, -e 海景

der Stammgast, -ä-e 常客，熟客

die Stille (nur Sg.) 寂静，平静，沉默

der Strandkorb, -ö-e 沙滩椅，柳条座椅

der Strandkorbverleih, -e 沙滩椅出租

die Strophe, -n 诗，（歌或诗的）节、段

der Verleih, -e 出租商店，租借处

die Wende, -n 转折，转折点

die Wertung, -en 评估，评分，等级

die Wiedervereinigung (nur Sg.) 重新统一，团圆，重聚

Verben 动词 ···

aufbauen, baut auf 建设，布置，树立起

hüten 保护，照料，放牧

klingen, klingt, klang, hat geklungen 听起来，发出声音

piepen 唧唧叫，小声哭泣

rascheln 沙沙作响

Adjektive 形容词 ···

maschinell 机械的

mysteriös 神秘的

windgeschützt 避风的，挡风的

Wendungen 习惯用语 ···

Hin- und Herwuchten 来回使劲抬起

Lektion 2 第二课

A Einfach schön

Nomen 名词 ··

die Attraktivität (nur Sg.) 精彩，吸引力

das Äußere (nur Sg.) 外表，容貌，表面

die Ausstrahlung, -en 射线，辐射，魅力

die Behauptung, -en 看法，声称，命题

der Betrachter, - 观察者，目击者，浏览器

das Ei, -er 鸡蛋，卵 *aus dem Ei gepellt* 打扮得溜光水滑

das Faible, - 薄弱，缺点，嗜好

die Investition, -en 投入，投资

das Lächeln, - 微笑

das Lebensmotto, -s 人生座右铭

der Makel, - 缺点，瑕疵，污点

die Masse, -n 质量，大量，大众

der Mitmensch, -en 周围的人，同胞

das Outfit, -s 穿着，全套服装，装备

das Pflegeprodukt, - 保养品，护理产品

der Preis, - 价格，价钱 *um jeden Preis* 不惜任何代价

die Problemzone, -n 问题区域

der Schnickschnack (nur Sg.) 胡扯，累赘的装饰品，无用的小玩意

der Schönheitswettbewerb, -e 选美比赛

der Schrei, -e 大叫，大喊 *der letzte Schrei* 最新样式

der Schritt, -e 脚步，步骤 *einen Schritt voraus sein* 领先一步

die Schwäche, -n 弱点，缺点，毛病

das Selbstbewusstsein (nur Sg.) 自我意识，自信

der Selbsttest, -s 自我测试

der Sinn, -e 知觉，意义 *in den Sinn kommen* 想起来，想到

der Spott (nur Sg.) 嘲讽，取笑

der Stellenwert, -e 重要意义，价值，重视程度

der Trendsetter, - 潮流引领者，时尚引导者

die Tugend, -en 道德，美德

die Umschreibung, -en 改写，重写，转让

das Wohlbefinden (nur Sg.) 健康，幸福，舒适

das Zitat, -e 引用，引文，名句

Verben 动词 ···

abweichen, weicht ab 偏离，违背，有分歧

auftakeln (sich), takelt auf 过分盛装打扮，给船等装配

erachten 考虑，认为，看作

ertragen, erträgt, ertrug, hat ertragen 忍受，忍耐，承担

hinterherhetzen, hetzt hinterher 在后面追赶

kreieren 设计，创造

präsentieren 表演，展示，递给，出示

steigern 加强，扩大，提高

streben (nach) 追求，努力争取

verfolgen 跟踪，追捕，迫害

wirken 起作用，有影响，看上去显得

zusammenfügen, fügt zusammen 连接到一起，拼合，汇聚

zutreffen (auf), trifft zu, traf zu, hat zugetroffen 合乎实际，适合，适用

Adjektive 形容词 ···

akzeptabel 可以接受的

beeindruckend 印象深刻的

eigenartig 奇怪的，特别的

fürchterlich 可怕的，非常的

gelungen 成功的

grandios 宏伟的，浩大的

großartig 出色的，了不起的

hervorragend 杰出的，卓越的

mittelmäßig (od. adv.) 中等的，普通的

modebewusst 注重时尚的，有时尚意识的

moralisch 道德的，伦理的，有教育意义的

physisch 自然的，身体的，物质的

psychisch 心理的，精神的，情感的

übertrieben 过度的，夸张的

sinnvoll 有意义的，有价值的

sorgfältig 细心的，认真的，谨慎的

stilvoll 有格调的，时尚的

tip-top 一流的

umwerfend 惊人的，非常的，极其的

zerknittert 褶皱的，垂头丧气的

Adverb 副词 ···

insgeheim 秘密地，私下地

B Schön leicht?

Nomen 名词 ···

der Abschreiber, - 抄写员，模仿者，剽窃者

das Alltagsgesicht, -er 大众脸，长相普通

die Autopanne, -n 汽车故障

der Beau, -s 纨绔子弟，花花公子

die Beurteilung, -en 评价，评论

das Bewerbungsverfahren, - 申请流程，求职程序

die Chancengleichheit (nur Sg.) 机会平等

die Einschätzung, -en 估计，评估，评价

die Erläuterung, -en 注释，解释，说明

das Forschungsergebnis, -se 研究成果，科研成果

die Führungsposition, -en 领导职位，领先位置

die Härte (nur Sg.) 严厉，硬度，激烈

der Kampf, -ä-e 战斗，斗争，比赛

das Magazin, -e 杂志，画报

die Partnerwahl, -en 选择配偶

die Prägung, -en 压印，印痕，特征

die Schönheit, -en 美丽

das Textgerüst, -e 纺织支架

der Untertitel, - 字幕，副标题

die Verhaltensweise, -n 行为方式

die Vermutung, -en 猜测，推测，假设

der Vorspann, -ä-e 片头字幕，引言，牵引车

das Vorwissen (nur Sg.) 预先知道，基本知识

das Weltwissen (nur Sg.) 世界知识

Verben 动词

antizipieren 预料

beilegen, legt bei 附上，附加，写入附件

hinweisen (auf), weist hin 指出，指明，表明

schließen (aus), schließt, schloss, hat geschlossen 锁上，关闭，结束

überfliegen, überfliegt, überflog, hat überflogen 飞越，掠过，浏览

zusprechen, spricht zu, sprach zu, hat zugesprochen 同……谈话，宣判，尽情
    享用

Adjektive 形容词

anziehend 有吸引力的

einfallslos 缺乏想象力的，非独创的

erfolgreich 成功的，有成就的

fantasielos 缺乏想象力的，无趣的

fleißig 勤奋的，努力的

gebildet 有教养的，有文化的

gemein 卑鄙的，厌恶的

gesellig 爱交际的，合群的，愉快的

glaubwürdig 可信的，可靠的

instinktiv 直觉的，本能的

kreativ 创造性的，有创意的

mild 温和的，柔和的，清淡的

unüblich 不寻常的，罕见的

vermutlich 可能的

vollkommen 完美的，完全的，彻底的

wertvoll 有价值的，宝贵的

Adverb 副词

möglicherweise 也许，可能

hierfür 为此，对此

C Schönheitskult

Nomen 名词

das Ansehen (nur Sg.) 威望，声誉，尊重

die Aussage, -n 见解，看法，陈述

der Ausweg, -e 出路，解决方法

die Beratung, -en 协商，劝告，咨询

die Expertin, -nen 女专家，女行家

die Fachfrau, -en 女性专家

das Gefallen (nur Sg.) 喜欢，兴趣，乐意帮忙

das Geschehen, - 发生的事情，事件

der Klient, -en 当事人，客户

das Medium, Medien 宣传工具，媒体

das Model, -s 模特，模具

der Rat (nur Sg.) 劝告，建议 *einen Rat geben* 提建议

das Schönheitsideal, -e 美的典范

der Schönheitskult, -e 对美丽的崇拜

der Schönheitswahn (nur Sg.) 美梦

das Vorbild, -er 榜样，典范

der Vorzug, -ü-e 优点，长处，优先权

Verben 动词

besitzen, besitzt, besaß, hat besessen 拥有，占有，享有

betonen 强调，使凸显

definieren 定义，解释

ermutigen (zu) 鼓励，勉励

widerstehen, widersteht, widerstand, hat widerstanden 抵抗，经得起，使人厌恶

Adjektive 形容词

ausreichend 足够的，充分的，及格的

empfehlenswert 适当的，值得推荐的

geschickt 熟练的，合适的，机智的

ratsam 值得推荐的，可取的

D Schöne Diskussionen

Nomen 名词

die Aktivität, -en 积极性，主动性

der Durchschnittsbürger, - 普通公民，普通人

der Eindruck, -ü-e 印象，痕迹 *der erste Eindruck* 第一印象

das Erscheinungsbild, -er 形象，外观，状态图

das Idealbild, -er 理想，愿景

das Internet-Forum, Internet-Foren 互联网论坛

das Make-up (nur Sg.) 化妆，打扮，化妆品

die Menschheit (nur Sg.) 人类

das Messer 刀，刀具 *sich unters Messer legen* 动手术

die Natürlichkeit (nur Sg.) 天然，自然

die Schönheits-OP, -s 整容手术 (Schönheitsoperation 的缩写形式)

der Umstand, -ä-e 情况，麻烦，费心

die Vernunft (nur Sg.) 理智，理性

der Versuch, -e 尝试，试验

Verben 动词

abschminken 擦掉（化妆品），放弃

aufwachsen, wächst auf, wuchs auf, ist aufgewachsen 长大，出现，生长

ausdrücken, drückt aus 表达，挤干，按灭

dastehen, steht da, stand da, ist dagestanden 站着，情况是

hervorheben 强调，突出

orientieren (sich) (an) 按照，遵循

schminken 化妆

überbewerten 过高评价

Adjektive 形容词 ·····

bevorzugen 更喜爱的，偏爱的，优待的

hautnah 直接的，皮下的，紧挨的

höchstwahrscheinlich 非常可能的

hundertprozentig 百分之百的

zweifellos 无疑的，肯定的

Kleine Wörter 其他词 ·····

inner- 里面的，内部的

E Was ist schön?

Nomen 名词 ·····

die Ernährungsberaterin, -nen 营养学家，营养咨询师

die Figur, -en 体形，身材，角色

die Gesellschaftsschicht, -en 社会阶层

die Hautaufhellung, -en 皮肤美白，皮肤亮白

der Hautton, -ö-e 肤色

das Hilfsmittel, - 辅助工具，救济金

das Jahrhundert, -e 一百年，世纪

das Kleingeld (nur Sg.) 零钱

die Kopfbedeckung, -en 帽子，头巾

das Lateinamerika (nur Sg.) 拉美，拉丁美洲

der Maßstab, -ä-e 比例尺，标准

die Oberschicht, -en 上层社会，上流社会

die Oberweite, -n 胸围

die Orientierung, -en 方向，态度，了解

die Parallele, -n 平行线，比较，相似情况

die Region, -en 地方，地区

die Rundung, -en 身体曲线，圆形，拱形

das Schlanksein (nur Sg.) 苗条身材

die Verneinung, -en 否定，拒绝

der Vordergrund, -ü-e 前景，前面部分

der Wohlstand (nur Sg.) 富裕，福祉

Verben 动词 ··

auslösen, löst aus 开动，触发，引起

glätten 弄平，抹平

nachhelfen, hilft nach, half nach, hat nachgeholfen 补习，辅导

speisen 用餐，供给

überfliegen 飞越，掠过，浏览

variieren 变化，改变

verfügen (über) 支配，利用，具有

Adjektive 形容词 ··

belastbar 能负重的，能吃苦耐劳的

dynamisch 动态的，活力的，动力的

erstrebenswert 值得做的，值得努力的

gebaut (sein) 身材匀称的

gewünscht 希望的，想要的

kulturbedingt 与文化有关的

momentan 瞬间的，眼前的，目前的

passend 合适的，适宜的，匹配的

privilegiert 有特权的

recht (sein) 右侧的，右翼的，正确的

reichlich 丰富的，丰盛的，充裕的

sexy 性感的

sichtbar 看得见的，明显的

umgekehrt 相反的，颠倒的，翻转的

undiszipliniert 不自律的，不守纪律的

ungeliebt 不可爱的，不受欢迎的

üppig 茂盛的，丰盛的，丰满的

vornehm 高贵的，高尚的，高雅的

westlich 西面的，向西的，西方的

wohlhabend 富有的，富裕的

Adverb 副词 ··

weiterhin 继续，今后，此外

zufälligerweise 随机地，偶然地

Kleine Wörter 其他词 ··

u.a. 另外，此外 (unter anderem 的缩写形式)

F (Un)Schöne Momente

Nomen 名词 ··

die Beerdigung, -en 葬礼

der Blick, -e 目光，洞察力 *auf den ersten Blick* 第一眼

das Chaos (nur Sg.) 混乱，杂乱无章

die Erleichterung, -en 减轻，缓和，轻松

das Fernweh (nur Sg.) 对远方的向往，渴望远方

das Fingerspitzengefühl (nur Sg.) 细致的感觉，敏锐的鉴别力

der Firlefanz (nur Sg.) 多余的东西，毫无意义的事，荒唐

die Frechheit, -en 无礼，放肆，厚颜无耻的言行

das Gedränge (nur Sg.) 拥挤，拥挤的人群

die Geistesgegenwart (nur Sg.) 沉着，镇定，果断

die Habseligkeit, -en （不太值钱的）家当，行装

der Lidschlag, -ä-e 眨眼

das Rätsel, - 谜语，谜团

die Rhabarbermarmelade, -n 大黄果酱

der Schock, -s 震惊，休克

die Sehnsucht, -ü-e 渴望，向往，思念

der Sieg, -e 胜利，战胜，获胜

der Vollmond (nur Sg.) 满月

die Weltanschauung, -en 世界观，宇宙观

der/das Wirrwarr (nur Sg.) 混乱，纷乱，杂乱

der Zeitgeist (nur Sg.) 时代精神

die Zeitspanne, -n 时期，时间段

Verben 动词 ···

spiegeln 反射，反映，照镜子

Adjektive 形容词 ···

absolut 绝对的

atemberaubend 令人窒息的，极其惊险的

außerordentlich 特别的，例外的，不寻常的

bewegend 动人的，感人的

bittersüß 苦中有甜的，甜得发苦的，又苦又乐的

einzigartig 独一无二的，独特的

fuchsteufelswild 生气的，跳脚的

großartig 了不起的，卓越的，出色的

katastrophal 灾难性的，不幸的，可怕的

miserabel 可怜的，糟糕的，悲惨的

überwältigend 扣人心弦的，惊心动魄的

unendlich 无边际的，无止境的，无穷大的

vorsichtig 小心的，谨慎的

zärtlich 温柔的，亲切的

Adverb 副词 ···

ggf. 如有必要，可能(gegebenenfalls的缩写形式)

komischerweise 奇怪地，可笑地，稀里糊涂地

Lektion 3 第三课

A Freundschaft

Nomen 名词 ···

der Dreh- und Angelpunkt, -e 转折点，关键点

die Eigenschaft, -en 性质，品质，性格

der Kontakt, -e 接触，联系 *Kontakt knüpfen* 建立联系

die Kritik, -en 评论，批评 *scharfe Kritik* 尖锐的批评

die Wellenlänge, -n 波长，轴长

Verben 动词 ···

anbringen, bringt an, brachte an, hat angebracht 带来，装上，安置

weitersagen, sagt weiter 转告，告诉

Adjektive 形容词 ···

denkfaul 思想懒惰的

endlos 无尽的，无穷的，无限的

geschwätzig 啰嗦的，多话的，嘴快的

gesellig 成群的，合群的，愉快的

hilfsbereit 乐于助人的

humorlos 不幽默的，无幽默感的

humorvoll 富于幽默感的，搞笑的

kleinlich 吝啬的，小气的，狭隘的

lahm 麻木的，无力的，无精打采的

nachdenklich 沉思的，好思考的

optimistisch 乐观的，乐观主义的

pessimistisch 悲观的，厌世的，悲观主义的

schick 时髦的，雅致的，出色的

sensibel 敏感的

unternehmungslustig 有进取心的，有事业心的

verschwiegen 严守秘密的，缄默的，隐蔽的

vertrauenswürdig 可靠的，值得信赖的

Adverb 副词 ·····

füreinander 相互，彼此

B Vereine

Nomen 名词 ·····

der Adel (nur Sg.) 贵族，高贵

der/die Adlige, -n 贵族阶层的人

die Assoziation, -en 联想

die Ausübung, -en 实践，努力，运用

der/die Behinderte, -n 残疾人

der Berufsverband, -ä-e 职业协会，职工联合会

das Brauchtum (nur Sg.) 习俗，民间风俗习惯

die Entwicklungshilfe, -n 发展援助，外援

das Fördermittel, - 资助资金

der Förderverein, -e 发展协会

die Geborgenheit, -en 安全，保障

die Geselligkeit, -en 社交，联欢

der/die Gleichgesinnte, -n 志同道合者

das Grundrecht, -e 基本权利

die Heimatpflege (nur Sg.) 家乡风土文物的保护

die Industrialisierung, -en 工业化

der Interessenverband, -ä-e 利益集团，兴趣小组

das Klischee, -s 陈词滥调，陈规俗套，老一套

die Konsumgesellschaft, -en 消费社会

der Leichensack, -ä-e 尸体袋

die Lesung, -en 阅读，朗读，朗诵会

der Machthaber, - 当权者，统治者

die Maßnahme, -n 方法，措施

der Nationalsozialismus (nur Sg.) 民族社会主义，纳粹主义 (缩写NS)

der Naturschutz (nur Sg.) 自然保护

die Neugründung, -en 新建，开张，启动

die Phase, -n 阶段，时期

der Pilz, -e 蘑菇 *wie Pilze aus dem Boden schießen* 像雨后春笋般涌现

der Renner, - 骏马，快马，畅销商品

die Selbsthilfegruppe, -en 自我互助小组

der Stand, -ä-e 站立，位置，情况

die Umhängetasche, -n 挎包，单肩包

der Verdacht (nur Sg.) 嫌疑，怀疑 *in Verdacht geraten* 遭到怀疑

die Vereinigung, -en 联盟，协会，合并

der Vereinsmeier, - 热衷于搞社团活动者，活跃分子

das Vereinswesen, - 俱乐部，社团

die Verstädterung, -en 城市化

der Wirtschaftsverband, -ä-e 经济协会，贸易联合会

die Wohlfahrt (nur Sg.) 福利

der Zulauf, -ä-e 人群，门庭若市，进水口

Verben 动词

beitragen (zu), trägt bei, trug bei, hat beigetragen 作贡献，有助于

betätigen (sich) 从事

bewahren (vor) 保卫，保护（免受）

engagieren 聘请，聘用，为……投身

etablieren (sich) (als) 作为……定居，落户

stammen (aus) 出生于，来自

verdrängen 把……排挤掉，取代，消除

Adjektive 形容词

aussagekräftig 有说服力的，有效力的

beäugt 被注视的，被打量的

bürgerlich 公民的，市民的，资产阶级的

dauerhaft 持久的，稳定的，耐用的

eigenständig 独立自主的，不受约束的

engstirnig 狭隘的，固执的，死板的

gesinnt 有……思想倾向的，有意的

hartnäckig 倔强的，执着的，顽固的

jüdisch 犹太人的

philosophisch 哲学的，富于哲理性的

rege 活跃的，有生机的，有灵性的

revolutionär 革命的，变革的

selektiv 物种选择的，选择性的

spießig 市侩的，势利眼的，小市民的

übertrieben 过分的，夸大的

verdächtig 受怀疑的，可疑的

wechselvoll 多变的，多种多样的

weltanschaulich 世界观的

C Nebenan und gegenüber

Nomen 名词 ···

der Einstand, -ä-e 就职，就职宴请

die Einweihungsfeier, -n 就职仪式，就职典礼，开业典礼

das Grundstück, -e 地皮，地产，地块

der Krempel (nur Sg.) 废物，破烂

der Lautsprecherpegel, - 扬声器级别

die Macke, -n 怪癖，缺点，离奇

die Nachbarschaft, -en 邻居，邻里关系

der Tick, -s 抽搐，痉挛，怪癖

der Umtrunk, (nur Sg.) 轮流饮酒，依次饮酒

Verben 动词 ···

ankündigen 预先通知，预告

ausgeben 花费，分发，发行 *einen ausgeben* 请喝酒

beschriften 记下，贴标签，题词

einhalten, hält ein, hielt ein, hat eingehalten 遵守，遵循，停止

schätzen 估计，赏识，重视

versperren 锁上，堵塞，封锁

Adjektive 形容词 ···

angriffslustig 侵略性的，进攻性的，好斗的

diskret 谨慎的，不引人注目的，秘密的

distanziert 有距离的，遥远的

gleichgültig 冷漠的，无关紧要的

lästig 麻烦的，讨厌的

lautstark 猛烈的，吵闹的，大声的

neutral 中立的，中性的，不刺眼的

penetrant 渗透的，刺鼻的

prickelnd 痒的，令人心动的

rauschend 雷鸣般的，树叶沙沙响的，华丽的

schuld 有过失的，有责任的

vorprogrammiert 预设的，预先计划的

zurückhaltend 谨慎的，内向的，冷漠的

zuvorkommend 彬彬有礼的，友好的

D Eltern und Kinder

Nomen 名词 ···

die Angelegenheit, -en 事情，事物，事件

die Auseinandersetzung, -en 讨论，交换意见，分析

die Äußerung, -en 表现，表示，表达

der Bulle, -n 公牛，彪形大汉

die Distanz, -en 距离，间隔，疏远

die Erziehungsmethode, -n 教育方法

der Erziehungsratgeber, - 教育指南，教育顾问

die Gehaltserhöhung, -en 提高工资，加薪

die Handlung, -en 行为，行动，情节

das Horn, -ö-er 兽角，圆号，喇叭

der Kampf, -ä-e 战斗，斗争，比赛

der Kauf, -ä-e 购买 *in Kauf nehmen* 忍受，将就

die Runde, -n 圈，回合 *über die Runden bringen* 努力克服困难，维持生计

der Schlag, -ä-e 打，打击

die Spannung, -en 拉紧，压力，紧张

der Stall, -ä-e 马厩，牛棚，猪圈

die Streitigkeit, -en 争论，争吵

die Strenge (nur Sg.) 严厉，严格，威严

der Stubenarrest, -e 禁闭

die Studie, -n 研究，论文，习作

die Toleranz, -en 宽容，容忍

die Türklinke, -n 门把手

der Vorspann, -e 片头字幕，引言，领导者

Verben 动词 •••

abgrenzen, grenzt ab 隔开，区分开

ausnutzen, nutzt aus 充分利用，榨取

bereuen 后悔，悔恨

durchblättern, blättert durch 翻书，翻阅，浏览

einmischen (sich), mischt ein 混合，干涉，插嘴

neigen (zu) 倾向于

schwingen, schwingt, schwang, hat geschwungen 挥舞，发言，来回摆动

tendieren (zu) 倾向于

zurückführen (auf), führt zurück 追溯，把……归因为

Adjektive 形容词 •••

autoritär 独裁的

detailliert 详细的，细节的

eigenartig 特别的，奇怪的

fürsorglich 关怀的，照料的

gewiss 肯定的，某种程度的，一定的

heftig 强烈的，猛烈的，激动的

streng 严厉的，严格的

volljährig 成年的，达到法定年龄的

sooft 不论多少次，只要……就……

E Verliebt, verlobt, verheiratet – geschieden

Nomen 名词 ·····································

die Anzahl, -en 一部分，数量

der Blitz, -e 闪电，闪光灯

die Eheschließung, -en 结婚

die Einstellung, -en (zu) 态度，观点，看法

der Heiratsantrag, -ä-e 求婚

das Kurvendiagramm, -e 曲线图表

die Mitgift, -en 嫁妆

die Nachfrage, -en 需求，询问

die Scheidung, -en 离婚

der Single, -s 单身，独身

die Talkshow, -s 脱口秀，访谈节目

der Trauschein, -e 结婚证

die Trennung, -en 分开，分手，分离

die Überleitung, -en 过渡，衔接

der Widerspruch, -ü-e 反对意见，矛盾

die Zustimmung, -en 同意，赞成

Verben 动词 ·····································

abraten, rät ab, riet ab, hat abgeraten 劝阻，劝……不做

einlassen (sich) (auf), lässt ein, ließ ein, hat eingelassen 参与，从事

einschlagen, schlägt ein, schlug ein, hat eingeschlagen 击中，打入，敲定

erwähnen 提到，说起

identifizieren (sich) (mit) 完全赞成，融为一体

regen (sich) 激动

Adjektive 形容词

begeistert 兴奋的，激动的，热烈的

betroffen 影响的，震惊的

kontinuierlich 连续的，持续的

minderjährig 未成年的

romantisch 浪漫的，浪漫主义的

sinngemäß 按照意义的

verlobt 订婚的

weltfremd 与世隔绝的，脱离现实生活的

Adverb 副词

durchaus 完全，一定

F Außenseiter

Nomen 名词

der Akzent, -e 重音，口音，强调

die Army (nur Sg.) 军队

das Auftreten, - 举止，态度，出现

die Außenseiter, - 局外人，外行，特立独行的人

das Außenseitertum (nur Sg.) 局外人

der Beat, -s 打击乐，节拍

Charts (nur Pl.) 热门流行歌曲选目，图表

der Cheerleader, - 啦啦队队长

die Clubszene, -n 俱乐部场景

der Einsatz, -ä-e 投入，插入物 *im Einsatz sein* （士兵）打仗

die Einzelgänger, - 孤独的人，不合群的人，非群居的动物

der Fan, -s 粉丝，迷

die Fastenzeit, -en 斋期，封斋节（复活节前的四十天）

der Quarterback, -s 四分卫

der Rap, -s 说唱

der Refrain, -s 副歌，叠句，口头禅

die Selbstreflexion, -en 自我反省

der Streber, - 追名逐利的人，钻营的人

die Tonne, -n 桶，吨

die Verhaltensweise, -n 行为方式

das Soloalbum, Soloalben 独奏专辑

der Wohnwagenpark, -s 房车营地

Verben 动词

akzentuieren 重读，准确清晰地发音，强调

auslachen, lacht aus 嘲笑，取笑

beißen 咬，啃

fortführen, führt fort, fuhr fort, hat fortgefahren 继续进行

herziehen (über), zieht her, zog her, hat hergezogen 说坏话，把……拉过来

klammern (sich) (an) 依附，抓住，依靠

kratzen 瘙痒，刮伤，抓伤

prügeln (sich) （用拳头）扭打，打架

quälen 折磨，纠缠，感到疼痛

schüchtern 胆怯，畏缩，腼腆

strahlen 闪烁，容光焕发，放射

thematisieren 把……作为题目、主题

vorgeben, gibt vor, gab vor, hat vorgegeben 假托，借口，把……拿到前面

zuwenden (sich), wendet zu, wendete zu, hat zugewendet 专心致志于，转向，朝着

Adjektive 形容词

altmodisch 旧式的，过时的

ausgeschlossen 排除掉的，不可能的，不考虑的

extrovertiert 外向的，外倾的

fiktiv 虚构的，假设的

hochbegabt 非凡的，天资高的，天才的

isoliert 被隔离的，被孤立的

prekär 困难的，棘手的，麻烦的

schonungslos 不加爱护的，不讲情面的

Lektion 4 第四课

A Dinge

Nomen 名词 ··

    der Betrachter, - 观察者，观看者

    die Biografie, -n 传记，生平

    der Braunton, -ö-e 棕色调

    das Echo, -s 回声，响应，共鸣

    die Einrichtung, -en 布置，机构，设备

    die Einsamkeit, -en (*selten*) 孤单，寂寞，荒僻的地方

    der Entwurf, -ü-e 草图，草稿，草案

    die Farbgebung, -en 着色，上色，配色

    der Gelegenheitsjob, -s 临时工作

    die Gussform, -en 铸模，铸型

    der Halt (hier nur Sg.) 立足点，支撑物，停止

    die Interpretation, -en 阐明，解释，表演

    der Kontrast, -e 对照，对比

    der Krebs (Krankheit: nur Sg.) 癌症，肿瘤

    die Metamorphose, -n 变形，变质，变态

    das Modell, -e 模型，典范，式样

    die Perspektive, -n 观点，角度，远景

    der Rasierpinsel, - 剃须刷，修面刷

    das Segeltuch, -ü-er 帆布

    die Skulptur, -en 雕刻品，雕塑品

    das Surreale (nur Sg.) 超现实主义

    der Talisman, -e 护身符，幸运物

    der Zwerg, -e 侏儒，矮子

Verben 动词

besingen, besingt, besang, hat besungen 歌颂，赞美，在……上唱歌录音

entschwinden, entschwindet, entschwand, ist entschwunden 消失

verbergen, verbirgt, verbarg, hat verborgen 躲藏，藏匿，隐瞒

verlagern 转移

Adjektive 形容词

nüchtern 平淡的，实事求是的，无诗意的

Adverb 副词

nämlich 即，也就是

B Die Welt der Dinge

Nomen 名词

das Arzneimittel, - 药，药品

das Aspirin (nur Sg.) 阿司匹林

das Deckelfach, -ä-er 带盖子的隔层盒，工具箱

der Energy-Drink, -s 能量饮料

die Ergänzung, -en 补充

die Füllmenge, -n 填料量，填充量

die Hantel, -n 哑铃，杠铃

die Hochlandsorte, -n 高原品种

die Linse, -n 小扁豆，透镜，镜头

das Logo, -s 商标，图标，标识

das Maß, -e 尺寸，标准，程度

das Missgeschick, -e 不幸，逆境，厄运

die Nässe (nur Sg.) 湿气，湿度，潮湿

das Nylon (nur Sg.) 尼龙

das Nylongewebe, - 尼龙面料

die Pulsuhr, -en 心率监测器

die Recherche, -n 调查研究，检索

der Schlafkomfort (nur Sg.) 睡眠舒适

der Schlafsack, -ä-e 睡袋

der Schnitt, -e 切割，修剪，切口

das Seitenfach, -ä-er 侧兜，侧面抽屉

das Smartphone, -s 智能手机

der Sound, -s 声音

die Textsorte, -n 文体，语篇类型

die Überempfindlichkeit, -en 过敏性，过度敏感性

der Unglücksfall, -ä-e 不幸事件，事故

die Verbrauchersendung, -en 消费者节目

die Wärmeleistung, -en 热功率

die Wetterbedingung, -en 天气状况

die Yogamatte, -n 瑜伽垫

Verben 动词

ausrichten, richtet aus 转达，使对齐，校准

eignen (sich) 适用于，适宜，适合

einnehmen, nimmt ein, nahm ein, hat eingenommen 服用，装载，占据

erlesen 选取，挑出

reinpassen, passt rein 适合，适应

speichern 存储，保存

stammen (aus) 来自，出生于

Adjektive 形容词

abriebsicher 耐磨的

aromatisch 芳香的，芬芳的

ballaststoffreich 高纤维的

beweglich 可移动的，活动的，灵活的

brandneu 崭新的

cholesterinfrei 不含胆固醇的

empfindlich 敏感的，神经过敏的，灵敏的

fiebersenkend 退烧的

flauschig 羊毛制的，毛绒的

geräumig 宽阔的，宽敞的

geröstet 烤的

kalorienarm 低热量的，低卡路里的

optisch 光学的，视觉的

packbar 能包起来的，可装进去的

phosphatfrei 不含磷酸盐的

proteinhaltig 含蛋白质的

schadstofffrei 无污染的，无有害物排放的

schmerzstillend 止痛的，镇痛的

seitlich 侧面的，旁边的

taktlos 欠考虑的，不得体的

verkäuflich 可以出售的，有销路的

wasserdicht 防水的

widerstandsfähig 耐抗的，结实的

C Die Beschreibung der Dinge

Nomen 名词 ···

die Ausführung, -en 样式，规格执行

die Ausstattung, -en 装备，布置，装修

das Etikett, -e(n) / auch: Etiketts 标签，标价牌

die Flinte, -n 步枪，猎枪

der Genuss, -ü-e 享受，食用，享用

der Griff, -e 采用，抓，把手 *in den Griff bekommen* 掌握（一种新方法）

die Karikatur, -en 漫画，讽刺画

der Kram (nur Sg.) 废物，琐碎事物，麻烦

die Legende, -n 传说，传奇

die Nachbildung, -en 仿制品，复制品

die Sammlerbörse, -n 收藏家交易所

das Sammlerobjekt, -e 收藏物品，藏品

das Verlegenheitsgeschenk, -e 应急礼物，权宜性礼物

der Vorfall, -ä-e 事故，意外事件

der Werbeträger, - 广告媒体

der Zeitgeschmack, -ä-er 时尚

das Zubehör, -e 配件，附件

Verben 动词 ······

benötigen 需要

weigern (sich) 拒绝

Adjektive 形容词 ······

begehrt 渴望的，要求的

unverwechselbar 不易混淆的，独特的

verbreitet 普遍的，流行的，受欢迎的

verstaubt 满是灰尘的

verziert 装饰的

D Die Macht der Dinge

Nomen 名词 ······

der Albtraum, -ä-e 噩梦，可怕的事物

der Auslöser, - 起因，触发

die Behandlung, -en 对待，治疗，探讨

der/die, Betroffene, -n 涉及者，有关人员

die Diagnose, -n 诊断

der Messie, -s 囤积者，爱攒东西的人

das Messie-Syndrom (nur Sg.) 囤积强迫症

das Messietum (nur Sg.) 囤积，攒东西

die Reportage, -n 通讯报道，新闻报道

der Schrott (nur Sg.) 废铁，废料，废品

der Therapeut, -en 临床医学家，治疗医生

das Unnütze (nur Sg.) 无用，不必要

die Vererbung, -en 遗传

Verben 动词 ······

beseitigen 去掉，清除，消除

entrümpeln 清除废旧物品

erforschen 研究，探索

horten 储藏，积聚

schämen (sich) 感到惭愧、羞耻，不好意思

unterliegen, unterliegt, unterlag, hat unterlegen 遭受，放在下面，失败

verstauen 把……堆放好，收藏，装载

wegwerfen, wirft weg, warf weg, hat weggeworfen 扔掉

Adjektive 形容词 ··

anfällig 无抵抗力的，易受影响的

mächtig 强大的，有影响力的，非常的

organisch 器官的，有机的

schlampig 懒散的，邋遢的，马虎的

überlastet 负担过重的，超载的

unerträglich 不堪忍受的，难以忍受的

vergeblich 徒劳的，毫无结果的

zugemüllt 垃圾遍地的

E Die Ordnung der Dinge

Nomen 名词 ···

der Absatz, -ä-e （文章）段落，销路，鞋跟

der Akt, -e 行为，仪式，幕

der Aufwand, -ä-e 费用，开支，开销

die Auktion, -en 拍卖

der Ballast, -e (selten) 累赘，负担，包袱

der Bewusstseinswandel, - 意识转变，思想转变

der Ertrag, -ä-e 收获，收益，收成

die Gerechtigkeit, -en 公平，正义，公正

die Plattform, -en 平台

der Profit, -e 利润，盈利，收益

die Quittung, -en 收据，凭证

das Sammelsurium, -ien 大杂烩

das Schnäppchen, - 便宜货

das Schnäppchenjagen (nur Sg.) 捡便宜货

der Staubfänger, - 容易积尘的装饰物或摆设

der Umsatz, -ä-e 销售额，营业额

der Vermittler, - 中介，调解人，介绍人

die Versteigerung, -en 拍卖

der Vertreter, - 代表，代办，替代人

das Volumen, - / Volumina 体积，容积，总额

die Zitronenpresse, -n 柠檬榨汁机

Verben 动词

ersteigern 竞拍购得

erzeugen 产生，引起

erzielen 获得，达到，得到

überbieten, überbietet, überbot, hat überboten （拍卖时）出价高过别人，超过

versteigern 拍卖

zucken 抽，闪烁，耸肩

Adjektive 形容词

gigantisch 巨大的，宏伟的

F Die Präsentation der Dinge

Nomen 名词

die Argumentation, -en 理由，论证

die Funkuhr, -en 无线电时钟

das Gefäß, -e 容器，器皿

das Kloster, -ö- 修道院

die Präsentation, -en 展示，表演

der Spannungsbogen, -ö- 悬念弧线，情节的跌宕起伏

der Zeiger, - 指针，指示器

das Zifferblatt, -ä-er 钟表盘，刻度盘

Verben 动词

läuten 钟鸣，打铃

rieseln 缓慢飘落，潺潺流淌

vortragen, trägt vor, trug vor, hat vorgetragen 作报告，表演，说明

Adjektive 形容词 ··

schlüssig 有说服力的，合乎逻辑的，决心的

souverän 拥有主权的，独立自主的，确信的

stimmig 协调的，和谐的

Lektion 5 第五课

A Arbeit

Nomen 名词 ·····································

das Atelier, -s 工作室，摄影棚

die Ausdauer (nur Sg.) 毅力，耐力，坚持不懈

die Bestätigung, -en 证明，批准，认可

die Faulheit (nur Sg.) 懒惰

der Fleiß (nur Sg.) 勤奋

die Gärtnerei, -en 园圃，苗圃

die Gründlichkeit, -en 彻底

die Heimarbeit, -en 家庭（手工）劳动

die Hülle, -n 外壳，封套 *in Hülle und Fülle* 充裕丰富，绰绰有余

der Lebensunterhalt, -e 生活费，生计

die Leidenschaft, -en 激情，热情，热爱

die Malerei, -en 绘画，图画

das Nest, -er 巢，窝，穴

die Pflicht, -en 责任，义务

das Pflichtbewusstsein (nur Sg.) 责任感

die Schreinerei, -en 木工作坊，家具工场

die Stadtverwaltung, -en 市政管理，城市管理部门

der Stolz (nur Sg.) 自豪，自尊心

die Teamfähigkeit (nur Sg.) 团队合作能力，团队精神

das Unternehmen, - 行动，企业

Verben 动词 ·····································

anfertigen, fertigt an 制作，制造，配制

aushelfen, hilft aus, half aus, hat ausgeholfen 帮忙，救助，接济

bestreiten, bestreitet, bestritt, hat bestritten 争辩，怀疑，支付

jobben 打工，临时工作

stricken 编织，针织

verehren 尊敬，崇拜，赠送

verrichten 完成，办理

verzichten (auf) 放弃

zurechtkommen, kommt zurecht, kam zurecht, ist zurechtgekommen 同……相处融洽，能胜任，及时赶到

Adjektive 形容词

anonym 匿名的，无名的

erdbebensicher 抗震的，防震的

geistig 精神的，智力的，内心的

sorgfältig 小心翼翼的，谨慎的，仔细的

Adverb 副词

auswendig 凭记忆，熟背

niemals 从不，决不

B Welt der Arbeit

Nomen 名词

die Acht (nur Sg.) 小心，注意 *sich in Acht nehmen* 提防，当心

die Aufzählung, -en 计数，计算，列举

der Banker, - 银行家，银行从业人员

die Beschäftigung, -en 工作，活动，研究

Daten (nur Pl.) 数据，统计资料

die Design-Philosophie, -n 设计理念

der Dienst, -e 工作，服务 *einen Dienst in Anspruch nehmen* 利用某人的服务

das Drittel, - 三分之一

der Entschluss, -ü-e 决定，决心 *einen Entschluss fassen* 做出决定

die Ermittlung, -en 查明，弄清楚，调查

der Experte, -n 专家，行家，专业人士

Fachleute (nur Pl.) 专家，内行，专业人士

die Filiale, -n 分店，分公司，分支机构

das Gegenteil, -e 对立物，对立面 *im Gegenteil* 相反

die Globalisierung (nur Sg.) 全球化，国际化

die Hauptaussage, -n 主要观点，主要声明，要点

der Herrenausstatter, - 男装经销商，男装店

das Inland (nur Sg.) 国内，内陆

der Kerl, -e 小伙子，家伙

der Kleinstunternehmer, - 小企业家

der Kurier, -e 信使，报信者

die Kurzfassung, -en 简述，删节本

die Logistik (nur Sg.) 逻辑

der Maschinenbauer, - 机械工程师

der Mittelständler, - 中间派，中产阶级，中型企业

der Multi, -s 多样，跨国公司

die Passion, -en 热情，嗜好

die Produktionsstätte, -n 生产中心，生产工厂

die Quelle, -n 源头，根源，出处

der Schneider, - 裁缝

der Schnitt, -e 切割，修剪，式样 *im Schnitt* 平均

der Standort, -e 驻地，位置，环境

der Tagesrhythmus, Tagesrhythmen 每日节奏，日间节奏

der Umsatz, -ä-e 销售额，营业额

die Verringerung, -en 减少，降低，收缩

der Vertrieb, -e 销售，推销

das Vorprodukt, -e 半成品，初产物，中间产品

der Wachstumsimpuls, -e 扩张动力，增长动力

der Wanderschneider, - 流动裁缝

die Weste, -n 背心，马甲

der Zugang, -ä-e 入口，通道，开窍

Verben 动词 ··

agieren 行动，举动，登台表演

anführen, führt an 提到，引用，带领

ankündigen, kündigt an 预告，通知，预示来临

anlernen, lernt an 教会，训练，粗浅地学会

antreiben, treibt an, trieb an, hat angetrieben 驱使，催促，把……冲到岸边

aufbrechen, bricht auf, brach auf, hat aufgebrochen 砸开，撬开，拆开

aufwenden, wendet auf 花费，使用

erobern 征服，占领，赢得

erschließen, erschließt, erschloss, hat erschlossen 开发，展示，推断

expandieren 膨胀，扩张

fertigen 制作，制造

gelangen 到达，达到，获得

investieren 投入，投资

stärken 使强壮，加强，增强

stoßen (auf), stößt, stieß, ist gestoßen 遭遇，碰撞，使……明白

vereinbaren 约定，商定，与……协调一致

vermessen, vermisst, vermaß, hat vermessen 丈量，测量

verpassen 错过，耽误

werben, wirbt, warb, hat geworben 做广告，招募，争取

Adjektive 形容词 ··

auffällig 引人注目的，突出的，显眼的

benachbart 邻近的，附近的，接壤的

dicht 紧密的，密封的 *dicht gefolgt von* 其次，紧随其后的

eingehend 深入的，详细的

geschäftstüchtig 会做生意的，擅长经商的

massengefertigt 大量生产的，大量制造的

maßgeschneidert 定制的，订做的，量身定制的

multinational 多国的

picklig 长痘的，有小脓包的

potentiell 潜在的，可能的

schwäbisch 施瓦本的

strategisch 战略的，战略性的

unglaublich 难以置信的，闻所未闻的

vierstellig 四位数的 *vierstelliger Bereich* 四位数范围

Adverb 副词

durchaus 一定，彻底地，完全地

keinesfalls 绝不，在任何情况下都不会

mittlerweile 在这期间，那时，当时

wiederum 重新，再次，另一方面

Präposition 连词

per 每，通过……方式，到……为止

C Arbeiten auf Probe

Nomen 名词

die Adressenkartei, -en 地址卡片索引

das Arbeitsverhältnis, -e 工作条件，劳资关系

die Bereitschaft, -en 准备，待命，决心

der Berufseinstieg, -e 入职

die Dauer (nur Sg.) 期限，时长 *auf Dauer* 持续地

der Dauerzustand, -ä-e 永久状态，稳定状态

das Ersatzteil, -e 备用品，替换件，配件

die Formalität, -en 形式，惯例，手续

die Gebrauchsanleitung, -en 使用说明书，用户手册

der Grund, -ü-e 原因，土地 *von Grund auf* 从头开始

die Hilfskraft, -ä-e 助手，帮手

die Lautsprecheranlage, -n 扬声器，扩音设备

die Normalität, -en 正常状态，合规性

die Personalabteilung, -en 人事部门

die Probe, -n 尝试，样品 *auf Probe* 试用

die Probezeit, -en 试用期，见习期

die Stufe, -n 阶梯，等级 *die nächste Stufe* 下一阶段

das Vorstellungsgespräch, -e 面试，求职面试

der Wechsel, - 变化，转变，变动

die Zukunftsperspektive, -n 未来展望，未来前景

Verben 动词

absolvieren 完成，毕业，通过考试

arrangieren (sich) 妥协，协商

ausnutzen, nutzt aus 充分利用，用尽，榨取

beauftragen 委托，托付

benachrichtigen 通知，告知

bereitstellen, stellt bereit 准备好，预备好

beschriften 记下，写下

einarbeiten, arbeitet ein 适应，渐渐熟悉，训练

eingliedern, gliedert ein 列入，加入，使适应

einhalten, hält ein, hielt ein, hat eingehalten 遵循，遵守，停止

einweisen, weist ein, wies ein, hat eingewiesen 安置，安排，指导

niederlassen (sich), lässt nieder, ließ nieder, hat niedergelassen 安家，坐下，开业

überprüfen 复查，审核，重新考虑

wandeln (sich) (zu) 变化，改变

Adjektive 形容词

befristet 有期限的，有时间限制的

erleichtert 心情放松的

gesetzlich 法律上的，法定的，合法的

systematisch 系统的，分类的，有条理的

vorübergehend 短暂的，暂时的

D Arbeit gesucht

Nomen 名词

der Ablauf, -ä-e 流走，期满，过程

die Anrede, -n 称呼

das Aufgabenfeld, -er 责任范围，任务范围

die Belastbarkeit, -en 负载容量，承受力，承载能力

das Beschwerdemanagement (nur Sg.) 申诉管理，索赔管理

der Betreff, -e 事由，案由

die Betriebswirtschaftslehre (nur Sg.) (*Abkürzung*: BWL) 企业管理学，企业经
济学（缩写BWL）

der Briefbogen, -ö- 信纸，信笺

die Chiffre, -n 数字，密码，编号

das Direktmarketing (nur Sg.) 直销

das Engagement, -s 聘用，责任心，义务

das Erscheinungsbild, -er 形象，状态图，症状

die Flexibilität, -en 灵活性，应变能力

die Herausforderung, -en 挑战，挑衅

die Konzeption, -en 设想，构想，方案

der Lebenslauf, -ä-e 简历，履历

die Marketingmaßnahme, -en 营销措施

die Marktforschung, -en 市场调查，市场研究

die Masterarbeit, -en 硕士论文

der Schwerpunkt, -e 重心，重点

das Stellengesuch, -e 求职，谋职

das Tagesgeschäft, -e 日常工作，日常业务

der Überblick, -e 概况，全景，鸟瞰

der Übersetzer, - 翻译，议员

die Umsetzung, -en 付诸实施，换位，转换

die Weiterbildung, -en 进修，深造

die Zuschrift, -en 信件，函件，回复

Verben 动词

einbringen, bringt ein, brachte ein, hat eingebracht 引进，带来，提出

erbeten, erbittet, erbat, hat erbeten 恳求，通过祈祷得到

erweitern 扩大，加宽，扩充

verfassen 写作，撰写

verfügen (über) 支配，使用，具有

voraussetzen, setzt voraus 以……为前提，假定

Adjektive 形容词

abwechslungsreich 丰富多样的，富于变化的

eigenverantwortlich 独自负责的，自行决定的

gängig 可通行的，常见的，畅销的

gepflegt 受照顾的，被照料的，被护理的

gestrig 昨天的，从前的

kompetent 有能力的

operativ 有计划步骤的，有效的，外科手术的

praxisorientiert 以实践为导向的，针对实际的

stilsicher 时尚的，有风格的

tabellarisch 表格式的

Adverb 副词

insbesondere 尤其，特别地

Konjunktion 连词

sowie 以及，一……就……，如同

E Freude an der Arbeit

Nomen 名词

das Auge, -n 眼睛 *ein Auge zudrücken* 睁一眼闭一眼，假装没看见

die Ausdrucksvielfalt, -en 表达方式多种多样，表达多样性

die Behauptung, -en 看法，论断，命题

der Druck (nur Sg.) 压紧，压力，压迫

die Geltung, -en 有效，起作用 *zur Geltung bringen* 发挥作用

der Mangel, -ä- 缺少，缺点，缺陷

die Verhandlung, -en 协商，谈判

Verben 动词 ···

leichtfallen, fällt leicht, fiel leicht, ist leichtgefallen 感到容易

realisieren 实现，意识到

stilllegen, legt still 关闭，使停顿，停歇

Adjektive 形容词 ···

sinngemäß 按照精神的，根据意义的

vernünftig 理智的，有道理的，合适的

zielgerichtet 目标明确的，有针对性的

F Erst die Arbeit, dann das Vergnügen

Nomen 名词 ···

der Aktenvernichter, - 碎纸机，切菜器

das Brett, -er 木板，搁板 *das Schwarze Brett* 布告栏

das Dampfschiff, -e 蒸汽轮船，汽船

das Drama, Dramen 戏剧，剧本

der Faulpelz, -e 懒汉

der Geist (nur Sg.) 精神，智力，思想

die Gunst (nur Sg.) 宠爱，偏爱，利益

das Gut, -ü-er 财产，财富，物品

das Laster, - 恶习，不道德行为

das Loblied, -er 赞歌，颂歌

der Müßiggang (nur Sg.) 闲荡，懒散，游手好闲

die Putzkolonne, -n 清洁队

die Quasselstrippe, -n 唠唠叨叨的人，电话机

das Utensil, -ien 器具，用具

die Würde, -n 尊严，身份，地位

Verben 动词 ···

ablenken, lenkt ab 使转向，把……引开，分散注意力

dosieren 分配剂量，测量剂量

gähnen 打哈欠，裂开

rudern 划船，划行，划向

verschieben, verschiebt, verschob, hat verschoben 移动，挪动，推迟

Adjektive 形容词 ··

matt 无神的，虚弱的，哑光的

ununterbrochen 持续不断的，不间断的

Lektion 6 第六课

A Streiten oder kooperieren?

Nomen 名词 ··

der Kragen, - 衣领 *der Kragen platzt* 气炸了，勃然大怒

die Luft, -ü-e 空气，天空 *in die Luft gehen* 发怒，激怒

die Palme, -n 棕榈，棕榈叶 *auf die Palme bringen* 激怒对方

das Portemonnaie, -s 小钱包，小皮夹子

die Wut (nur Sg.) 愤怒，恼怒 *vor Wut kochen* 勃然大怒，七窍生烟

Verben 动词 ··

aufgelegt sein (zu) 激动，烦躁，生气

beilegen, legt bei 调解，解决，调停

explodieren 爆炸，爆发，发火

kooperieren 合作，协作

schrammen 刮破，抓伤，擦伤

vorwerfen, wirft vor, warf vor, hat vorgeworfen 指责，批评，责备

zusammenreißen (sich), reißt zusammen, riss zusammen, hat zusammengerissen
　振作精神，鼓起勇气，尽力控制自己

Adjektive 形容词 ··

angemessen 合适的，适度的，得体的

dickköpfig 顽固的，执拗的，固执己见的

eigensinnig 固执的，执拗的

einsichtig 理智的，明智的，可以理解的

entgegenkommend 亲和友善的，乐于助人的，迎面而来的

flegelhaft 缺乏教养的，没规矩的，粗野的

frech 放肆的，没有礼貌的，调皮捣蛋的

herausfordernd 挑衅的，挑战的，具有挑战性的

kompromissbereit 准备妥协的，有意和解的

mitfühlend 有同情心的，能共情的

nachsichtig 仁慈的，宽容的

peinlich 尴尬的，难堪的，为难的

provokant 挑衅的，激怒的，气人的

rechthaberisch 自以为是的，刚愎自用的，固执己见的

selbstkritisch 自我批评的，反思自省的

streitlustig 爱吵架的，好斗的

streitsüchtig 吵架有瘾的，喜好争斗的，惹是生非的

stur 固执的，死板的，顽固的

taktlos 不得体的，欠考虑的，得罪人的

unabsichtlich 无意的，不小心的

verständnisvoll 充分体谅的，善解人意的

einigermaßen 相当的，还可以的，过得去的

B Konfrontation oder Verständigung?

Nomen 名词 ···

das Amtsgericht, -e 地方法院，初级法院

die Beerdigung, -en 安葬，葬礼

der/die Beteiligte, -n 参与者，相关方，当事人

der Disput, -e 争执，争论，口角

das Einfühlungsvermögen (nur Sg.) 移情能力，共情能力，同理心

das Eis (nur Sg.) 冰，冰面 *auf Eis legen* 暂停，搁置

die Eskalation, -en 升级，扩大，加剧

der Fetzen, - 碎片 *die Fetzen fliegen* 激烈争吵

der Gegenspieler, - 反派，对头，对手

das Gesicht, -er 脸，面孔 *das Gesicht verlieren* 没脸面，丢脸

die Gliederung, -en 结构大纲，分段分区，章节

die Hochrechnung, -en 预测，推断，估算

das Jubiläum, Jubiläen 庆典，纪念日

die Justizbehörde, -n 司法机关

die Kompromissbereitschaft, -en 准备妥协，有意和解

das Konfliktpotential, -e 冲突的可能性，潜在冲突

die Meinungsverschiedenheit, -en 意见分歧，观念冲突

die Nächstenliebe (nur Sg.) 博爱，慈善

das Quartal, -e 季度

der Rahmen, - 框架

die Schlagfertigkeit (nur Sg.) 机敏，机灵，机智

der Standpunkt, -e 立场观点，看法角度

die Stellungnahme, -n 表达意见，发表看法，表态

der Ton, -ö-e 声音，声响，语调

das Verhandlungsgeschick (nur Sg.) 谈判技巧

der Wortwechsel, - 争论，争吵，口角

das Zivilverfahren, - 民事诉讼

Verben 动词 ....

abwägen 思量，斟酌，权衡

belegen 证明，判处，通过

bewältigen 克服，解决，完成

blamieren 尴尬，丢脸，出洋相

erhoffen 期待，盼望

erzeugen 生产，引起，导致

hineinversetzen (sich), versetzt hinein 换位思考，体谅，着想

krachen 争吵，责骂

neigen (zu) 趋于，倾向于

schulen 训练，传授，培养

vermeiden, vermeidet, vermied, hat vermieden 避免，避开，回避

verteidigen (sich) 保卫，捍卫，为……辩护

Adjektive 形容词 ....

alarmierend 惊人的，震惊的，警觉的

feindlich 敌意的，敌对的，仇视的

heftig 激烈的，猛烈的，激动暴躁的

impulsiv 冲动的，易怒的，爱激动的

konstruktiv 促进的，有益的，建设性的

schweigend 沉默的，无声的，安静的

wohlgemeint 友好的，善意的，客气的

wortreich 冗长的，啰嗦的，振振有词的

Wendungen 习惯用语

von vornherein 事先，从一开始

C Streit um jeden Preis

Nomen 名词

die Abwesenheit, -en 缺席，不在场

die Dienstleistung, -en 服务，效劳，劳务

das Fazit, -s 结果，结论

die Gefälligkeit, -en 帮忙，效劳，乐于助人

die Last, -en 负担，累赘 *zur Last fallen* 成为……的负担

das Motto, -s 口号，格言，座右铭

der Preis, -e 价格，代价 *um jeden Preis* 不惜一切代价

der Rollladen, -ä-e 百叶窗，卷帘门

die Verpflichtung, -en 义务，责任，职责

der Wachdienst, -e 站岗放哨，值班，值勤

der Wasserrohrbruch, -ü-e 水管破裂

D Verhandeln statt streiten

Nomen 名词

die Front, -en 前线，阵线，前沿阵地

der Konfliktherd, -e 冲突中心，麻烦点

das Spannungsfeld, -er 紧张氛围，冲突地区

der Stich, -e 刺痛，刺伤 *im Stich lassen* 抛弃，舍弃

der/die Untergebene, -n 部属，下属，部下

der/die Vorgesetzte, -n 上司，主管，领导

Verben 动词

aushandeln 商定，谈妥，达成

glänzen 引人注目，显眼，闪亮发光，闪耀璀璨

trauen (sich) 有胆量做，敢于

verhärten 变硬，硬化

Adjektive 形容词

banal 平淡乏味的，陈腐的，老一套的

E Gemeinsam sind wir stark

Nomen 名词

die Flosse, -n 鱼鳍，尾翼，脚蹼

die Hexe, -n 女巫，妖婆，泼妇

die Jagd, -en 打猎，追捕，追求

die Kralle, -n 爪子，利爪

die Mühle, -n 磨坊，磨臼

das Porträt, -s 肖像，画像

der Räuber, - 强盗，土匪，匪徒

der Sack, -ä-e 袋子，口袋

der Teufel, - 魔鬼，妖怪，恶魔

das Ungeheuer, - 怪物，巨兽，庞然大物

Verben 动词

bellen 犬吠，叫喊

belohnen 奖励，酬谢，回报

flüchten 逃跑，逃离，逃亡

krähen 鸡鸣，啼叫，高声说话

miauen 猫叫声，喵喵叫

schlachten 宰杀，屠宰

F Pro und Contra

Nomen 名词

die Aufsichtspflicht, -en 监督职责，监护责任

die Begleitung, -en 伴随，同伴，随行人员

das Contra (nur Sg.) 反对，对抗

der Einwand, -ä-e 异议，抗议，反对意见

die Erörterung, -en 商谈，研究，讨论

die Lage, -n 位置，形势，处境 *in der Lage sein* 可以，能

das Pro (nur Sg.) 优点，有利

der Sachverhalt, -e 实情，真相，事实情况

Verben 动词

belästigen 纠缠，使厌烦，打扰

überfallen, überfällt, überfiel, hat überfallen 突袭，侵犯，突然发生

Adjektive 形容词

haftbar 承担责任的，负有责任的

reif 成熟的，老练的

triftig 理由充足的，令人信服的，无可辩驳的

unübersichtlich 漫无头绪的，混乱的，看不清楚的

volljährig 成年的，达到法定年龄的

Adverb 副词

ohnehin 反正，总归

Lektion 7 第七课

A Wissen und Können

Nomen 名词 ···

das Assoziogramm, -e 联想图

der Dinosaurier, - 恐龙

das Empfinden (nur Sg.) 感受，感觉

der Erfinder, - 发明者，创造者

die Erfindung, -en 发明，创造，虚构

die Fertigkeit en (nur Pl.) 知识，能力

das Filterpapier, -e 滤纸

die Filtertüte, -n 滤袋

der Franke, -n 法兰克人

die Gesamtheit (nur Sg.) 全体，全部，总和

die Gewissheit, -en 确信，可靠性，肯定性

der Goldgräber, - 淘金者

der Hit, -s 流行歌曲，热门商品，热销品

die Innovation, -en 革新，创新

der Kaffeefilter, - 咖啡过滤器

das Löschblatt, -ä-er 吸墨纸

die Novelle, -n 中篇小说，（法律、法规的）补充部分

der Pflanzenfresser, - 食草动物

die Pyramide, -n 棱锥，角锥体，金字塔

die Verfeinerung, -en 改善，提纯，提炼

das Weltwunder, - 世界奇迹，世界奇观

der Wissenserwerb, -e 知识获取

Verben 动词

aussterben, stirbt aus, starb aus, ist ausgestorben 灭种，灭绝

Adjektive 形容词

bloß (od. adv.) 仅仅，裸露的，光秃的

gebürtig 出生的，原籍的

kollektiv 共同的，集体的

stabil 坚固的，稳定的

zeitgenössisch 同时代的，同时期的

B Was Tiere wissen

Nomen 名词

die Anstrengung, -en 努力，用力，劳累

das Aquarium, Aquarien 水族馆，（观赏或装饰用的）玻璃容器

der Artgenosse, -n 同类，同种

das Astloch, -ö-er （木材）节孔

der Baumeister, - 建筑师，建造者

die Begabung, -en 天赋，才能，才华

der Drehverschluss, -ü-e 旋转扣环

die Dressur, -en 驯兽节目，训练动物

die Druckerpresse, -n 印刷机

die Einschaltquote, -n 收视率

der Eisblock, -ö-e 冰块

das Exemplar, -e 册，样品，样本

das Experiment, -e 试验，实验

der Fink, -en 燕雀属，轻浮的人

die Flamme, -n 火苗，火焰，火舌

die Futterquelle, -n 食物来源

die Glasscheibe, -n 玻璃板，挡风玻璃

der Grashalm, -e 草茎，草叶

der Happen, - 咬，一口或一小块（吃的东西）

das Insekt, -en 昆虫

der Instinkt, -e 本能，天性，直觉

die Intelligenz, -en 智力，聪明

die Käferlarve, -n 甲壳虫幼虫

der Kaktusstachel, - 仙人掌刺

der Knoten, - 绳结，神经节，树木或木板上的结节

die Kompetenz, -en 能力，权限，技能

der Kopffüßler, - 头足类动物

der Krake, -n 章鱼，章鱼属

das Labor, -e 实验室

das Labyrinth, -e 迷宫，错综复杂，曲折

der Mangrovenreiher, - 红树林苍鹭

der Menschenaffe, -n 类人猿，猩猩

der Oktopus, -se 章鱼，八臂章鱼属

die Plastikröhre, -n 塑料管

der Regenwurm, -ü-er 蚯蚓

das Röhrchen, - 小管子，小试管，小插管

der Schnabel, -ä- 鸟嘴，（有喙目昆虫的）喙，壶嘴

der Seestern, -e 海星

die Sensation, -en 感觉，知觉，轰动事件，头号新闻

die Skepsis (nur Sg.) 怀疑，不信任

die Spur, -en 痕迹，征兆 *auf die Spur kommen* 跟踪某人/某物

das Talent, -e 才能，天赋，人才

die Tierart, -en 动物种类

das Tiergehege, - 动物园

das Versuchstier, -e 实验用动物

der/die Vorgesetzte, -n 上司

der Zoologe, -n 动物学家

der Zweig, -e 细枝，支路，分支机构

Verben 动词

bedrohen 威胁，威吓

blättern 翻阅，剥落，将……一张一张地摆开

fischen 捕鱼，钓鱼，（从水中）捞取

ködern 引诱，使上钩，使入圈套

übertragen, überträgt, übertrug, hat übertragen 转播，改写，传染

zurechtfinden (sich), findet zurecht, fand zurecht, hat zurechtgefunden 认得，找
   到路径，熟悉

Adjektive 形容词

angeboren 天生的，先天的，天赋的

erstaunlich 惊人的，不可思议的，奇特的

gefiedert 羽状的，装上羽毛的

kognitiv 认知的

komplex 综合性的，全面的，错综复杂的

mental 精神的，心灵的，思想的

simple 简单的，简陋的，浅薄无知的

tierisch 动物的，兽性的，野蛮的

tropisch 热带的

wirbellos 无脊椎的

zoologisch 动物学的，关于动物的

Präposition 介词

statt 代替，而不是

C Wissen teilen

Nomen 名词

die Ankündigung, -en 宣布，公布，通知

der Anteil, -e (an) 同情，兴趣，参与

das Balkendiagramm, -e 柱状图

der Blog, -s 博客

die Datenbank, -en 数据库

das Diagramm, -e 图表，示意图

die Einschätzung, -en 估算，评定，评估

die Fortbildung, -en 进修，深造，培训

das Forum, Foren 论坛，座谈会

der Forumsbeitrag, -ä-e 论坛帖子

die Führungskraft, -ä-e 领导人员，管理人员

die Halbwertszeit, -en 半衰期

das Kreisdiagramm, -e 圆图，饼形图

das Kurvendiagramm, -e 曲线图

das Meeting, -s 会议，会谈

die Messe, -n 博览会，展会

das Netzwerk, -e 网络 *soziales Netzwerk* 社交网络

die Relevanz, -en 重要性，相关性

die Ressource, -n 资源，财力

das Säulendiagramm, -e 条形图

das Schaubild, -er 图解，图表

das Seminar, -e 讨论课，（专题）研究班

die Show, -s 表演，娱乐节目 *die Show stehlen* 抢镜，抢风头

die Tagung, -en 会议，大会

die Videokonferenz, -en 视频会议

der Vorsprung, -ü-e 领先，优势地位，（建筑等的）突出部分

die Zielgruppe, -n 目标群体

Verben 动词

auswerten, wertet aus 分析，评估，利用

füttern 给（计算机等）输入数据，喂食

partizipieren 参加，参与

schwinden 消失，减少，减弱

steigern 加强，提高，拍卖时出价

veranschaulichen （用事例、图表等）说明，阐明

verschwenden 浪费，挥霍，滥用

Adjektive 形容词

beständig 持续的，稳定的，耐得住的

diverse 各式各样的

exponentiell 指数的，幂数的

kontinuierlich 连续的，持续的

massiv 猛烈的，实心的，坚固的

rapid 迅速的，急剧的

rasant 迅速的，急剧的，飞快的

schlicht (od. adv.) 直截了当地说，纯朴的，朴素的

sprunghaft 变化无常的，跳跃式的，突然的

stetig 持续不断的，稳定的

überflüssig 过剩的，多余的

zugänglich 可进入的，供使用的，感兴趣的

D Das möchte ich können

Nomen 名词 ···

die Abkürzung, -en 缩短，缩写，近道

das Gehirn, -e 脑，大脑

der Hirnforscher, - 脑研究专家，脑神经研究者

das Kopfrechnen (nur Sg.) 心算

die Nachhilfe, -n 补习，辅导

der Pep (nur Sg.) 活力，劲头，感染力

die These, -n 命题，论点，论题

die Tochterfirma, Tochterfirmen 分公司，子公司

der Vorsatz, -ä-e 决心，意图，故意

die Zelle, -n 细胞，小房间 *graue Zellen* 灰质

Verben 动词 ···

entlasten 减轻负担，减轻罪责

sehen, siehe, siehst, sieht 看见，遇见，看清

Adjektive 形容词 ···

anpassungsfähig 能适应的，有适应能力的，可调节的

E Klug, klüger, am klügsten

Nomen 名词 ···

der Befund, -e 检查（调查）结果，诊断，确定

der Bildungsstand (nur Sg.) 文化水平，受教育程度

die Botschaft, -en 消息，通知，大使馆

die Ebene, -n 等级，层面，平原

das Elektroenzephalogramm, -e (*Abkürzung*: EEG) 脑电图

die Epoche, -n 时代，新纪元，时期

die Feststellung, -en 论断，查明，确定

der Gesang, -ä-e 歌唱，歌声，声乐

der Handlungsablauf, -ä-e 情节

das Hirn, -e 脑，智力，头脑

das Hirnareal, -e 大脑区域

der Intelligenzquotient, -en (*Abkürzung*: IQ) 智商（缩写：IQ）

die Motorik (nur Sg.) （由神经支配的）运动技能

der Narkosearzt, -ä-e 麻醉师

der Nebeneffekt, -e 副作用，副效应

das Schlüsselwort, -ö-er 关键词

das Sozialverhalten, - 社会行为，社会伦理道德状况

das Steuern (nur Sg.) 控制，驾驶

die Zerrissenheit, -en 内心矛盾，分裂

der Zug, -ü-e 火车 *im Zuge* 在……其间，在……过程中

Verben 动词

berieseln 灌输，喷洒，浇灌

beschwören 唤醒，对……发誓，恳求

bewähren (sich) 证明适合做……，经受住考验

decken (sich) (mit) 相同，符合，一致

erfassen 领会，握住，席卷

nahelegen, legt nahe 建议，劝说

fördern 促进，推动，资助

gelten (als) 被视为，被认作是

verdeutlichen 使明白，加以说明

vorspielen, spielt vor 给……演奏，表演，用……欺骗

zaubern 变魔术，施巫术，变出

Adjektive 形容词 ···

ausgeprägt 显著的，突出的

autistisch 孤僻的，自闭的，孤独症的

bemerkenswert 值得注意的，显著的

geschädigt 有害的，受损害的

identisch 同一的，相同的，一致的

neurophysiologisch 神经生理学的

simultan 同步的，同时进行的

Wendung 习惯用语 ···

zustande kommen 完成，实现

F Lernwege

Nomen 名词 ···

der Abwärtstrend, -s 向下趋势，衰落趋势，下降趋势

der Anlass, -ä-e 理由，机会，时刻

der Ausbildungsmarkt, -ä-e 培训市场

die Berufung, -en 聘任，使命，上诉

das Delta, -s 三角洲

die Düne, -n 沙丘

die Entwicklungskrise, -n 发展危机

der Faktor, -en 因素，要素，因子

der Fjord, -e （尤指挪威海岸边的）峡湾

der Gipfel, - 山峰，顶点，峰会

der Höchststand, -ä-e 顶峰，最高水平

der Hügel, - 丘陵，土堆，堆积物

das Moor, -e 沼泽

der Redner, - 演说者，演讲人

der Wendepunkt, -e 转折点，拐点，分水岭

Verben 动词 ···

schwanken 摇摆，波动，犹豫不决

Adjektive 形容词 ·······································

rückläufig 逆向的，回流的，再循环的

Lektion 8 第八课

A Gesundheit

Nomen 名词 ···

die Anekdote, -n 趣闻，轶事，名人轶事

die Angina, -s 咽峡炎（尤指扁桃体炎）

die Ausgeglichenheit (nur Sg.) （情绪）稳定，沉着，平衡

die Banalität, -en 陈词滥调，陈腐，平庸

der Bandscheibenvorfall, -ä-e 椎间盘突出症

das Befinden, - 健康状况，身体感觉，判断

die Blinddarmentzündung, -en 阑尾炎，盲肠炎

die Blutübertragung, -en 输血

das Burnout, -s 烦躁

der Cartoon, -s 漫画，卡通

der Darmkrebs (nur Sg.) 肠癌

die Depression, -en 沮丧，抑郁，萎靡

die Einbindung, -en 结合，卷入，包含

die Erfüllung, -en 实现，履行，满足

die Erschöpfung, -en 精疲力尽，衰竭，用尽

die Fitness (nur Sg.) 健身，健康

die Gattung, -en 种类，类型

das Haus, -ä-er 房子，家 *ein altes Haus* 哥们儿，老朋友

der Hexenschuss, -ü-e 腰痛，腰部风湿病

die Infusion, -en 输液，打点滴

die Kraftlosigkeit (nur Sg.) 无力，虚弱，无能

das Magengeschwür, -e 胃溃疡

die Mandelentzündung, -en 扁桃体炎

die Mangelerscheinung, -en 缺乏症状

die Migräne, -n 偏头痛

der Nonsens (nur Sg.) 荒谬，无稽之谈，胡说八道

der Pfeiler, - 墩子，柱子，支柱

der Schein, -e 证件，证明，钞票

die Schlichtheit, -en 简单，谦逊，平坦

der Schuh, -e 鞋子 *der Schuh drückt* 难处，隐衷

die Transfusion, -en 输血，输注，输液

die Übelkeit, -en 恶心，反感，厌恶

die Verfassung, -en （身体或精神）状态，状况，心情

die Visite, -n 探视，查看

die Vitalität (nur Sg.) 活力，生机，生命力

Verben 动词 ··

angeben, gibt an, gab an, hat angegeben 告知，规定，标出

aufschrecken, schreckt auf 使大吃一惊，吓一跳，惊醒

besiegen 战胜，克服，消除

lindern 缓和，减轻，缓解

Adjektive 形容词 ··

akut 急性的，急迫的，严重的

ausgewogen 恰当的，适度的，均衡的

chronisch 慢性的

geplagt 困扰的，受折磨的

heimlich 秘密的，隐蔽的

intakt 完好的，功能正常的，未受损的

lebenswert 宜居的，值得生活的

permanent 永久的，长期的，持续稳定的

schallend 大声的，响亮的

spürbar 可感觉到的，可触摸到的，明显的

vorübergehend 短暂的，暂时的

Adverb 副词 ••

seither 从那时起，从那之后，至今

B Gesundheitswahn

Nomen 名词 ••

der Beipackzettel, - 说明书，产品（尤其是药物）的注释

der Blutdruck (nur Sg.) 血压

das Doping (nur Sg.) （比赛前非法）使用兴奋剂

der Einwand, -ä-e 反对，抗议，异议

die Ernährung, -en 饮食，营养，喂养

das Fast Food (nur Sg.) 快餐（如汉堡包）

die Fastenkur, -en 禁食疗法

die Feinkost (nur Sg.) 精美食品，美味，熟食

das Functional Food, (nur Sg.) 功能性食品

der Gesundheitswahn, -e 健康狂热

die Herzbeschwerde, -n 心脏病

der Inhaltsstoff, -e 成分，内部材料

das Kapital, -e 资本，资产，资金

das Kommen (nur Sg.) 来到 *im Kommen sein* 来临，流行

die Kreislaufstörung, -en 血液循环障碍，循环系统疾病

das Laufband, -ä-er 跑步机，传送带

der Marathonlauf, -ä-e 马拉松赛跑

der Mineralstoff, -e 矿物质

das Nahrungsergänzungsmittel, - 营养补充药物，营养强化剂

das Nickerchen, - 打盹，打瞌睡

das Präparat, -e 制剂，药剂，标本

das Pulver, - 粉末，药粉，火药

die Rohkost (nur Sg.) 生食，生的素食品

die Schonkost (nur Sg.) 无刺激性饮料，保护性饮食，清淡食物

das Slow Food (nur Sg.) 慢食

die Tiefkühlkost (nur Sg.) 冷冻食品

der Vegetarismus (nur Sg.) 素食主义

die Versprechung, -en 承诺，诺言，约定

der Verzehr (nur Sg.) 食用，消费

die Vollwerternährung (nur Sg.) 全食饮食，全营养饮食

der Wirkstoff, -e 有效成分，活性物质

Verben 动词

abbauen, baut ab （逐渐）清除，减少

anreichern, reichert an 使丰富，充实，增加

dösen 打盹儿，打瞌睡，思想开小差

fasten 斋戒，禁食，绝食

reduzieren 降低，减少，使还原

schlucken 吞咽，忍受，吸收

schweigen, schweigt, schwieg, hat geschwiegen 沉默，停止

vermarkten 销售，使……市场化

vorbringen, bringt vor, brachte vor, hat vorgebracht 说出，提出，将……带到
前面

Adjektive 形容词

bekömmlich 易消化的

herkömmlich 习惯的，常规的

künstlich 人工的，人造的

rasch 迅速的，快的

C Arzt und Patient

Nomen 名词

die Akupunktur, -en 针灸，针刺疗法

die Alternative, -n 二者选一，其他可能性

die Andeutung, -en 暗示，提及，征兆

das Antibiotikum, Antibiotika 抗生素

die Bronchitis (nur Sg.) 支气管炎，气管炎

das Brustbein, -e 胸骨

der Heilkünstler, - 治疗专家

der Höfling, -e 朝臣，宫廷侍从

die Hüfte, -n 臀部

die Krankheitsgeschichte, -n 病史，病历

die Mammografie, -n 乳腺摄影

die Oberschenkelhalsfraktur, -en 股骨颈骨折

das Ohr, -en 耳，耳朵 *ganz Ohr sein* 聚精会神地听

die Parabel, -n 寓言，抛物线

die Praxisgebühr (nur Sg.) 诊疗费

der Rat (nur Sg.) 劝告，建议 *zu Rate ziehen* 向……请教，咨询

die Röntgenaufnahme, -n X线照相，X射线图像（照片）

der Scharlatan, -e 江湖骗子，庸医

der Schwachpunkt, -e 缺点，弱点

die Schwankung, -en 波动，变动

der Strahl, -en 光线，射线，辐射

das Symptom, -e 症状，标志，征兆

die Transkription, -en 转录，抄写

der Tumor, -e 肿瘤

der Verkehrsfunk, -s 交通广播

die Verschreibung, -en 药方，处方

die Vorlesung,-en 大学讲座课

die Vorsorgeuntersuchung, -en 预防性检查，体检

die Weile (nur Sg.) 片刻，一会儿

Verben 动词 ···

ablesen, liest ab, las ab, hat abgelesen 觉察到，看出照着读

absterben, stirbt ab, starb ab, ist abgestorben 坏死，失去知觉，枯萎

ausmachen, macht aus 构成，是，关掉

beschenken 赠送，送礼物

betrügen 欺骗

desinfizieren 消毒，杀菌

diagnostizieren 诊断，判断

irritieren 刺激，激怒，使烦躁

krankschreiben, schreibt krank, schrieb krank, hat krankgeschrieben 开请假条

röntgen X射线检查

überleben 活下来，存活

überschütten 倾倒，大量地给予，遮盖

unterziehen, unterzieht, unterzog, hat unterzogen 经受，承受，把……穿在里面

verschwimmen, verschwommen 模糊，变得模糊

vorbeugen, beugt vor 预防，防止，向前弯曲

Adjektive 形容词

ausgebucht 订满了的，预订一空的

desinteressiert 不感兴趣的，冷漠的

einseitig 单面的，片面的，单方面的

einsilbig 单音节的，极其简短的，寡言的

erbost 恼怒的，愤怒的，被激怒的

kerngesund 极其健康的

lapidar 精炼的，简明扼要的，简洁的

misslich 不愉快的，棘手的，困难的

partizipativ 多人一起参加的，参与性的

präzise 精确的，精密的

prüfungsrelevant 与考试相关的

ratsam 值得推荐的，可取的，适当的

taub 麻木的，无感觉的，聋的

wortkarg 简短的，沉默寡言的

zufriedenstellend 令人满足的，令人满意的

D Alternative Heilmethoden

Nomen 名词

die Aromatherapie, -n 芳香疗法

der Ayurveda (nur Sg.) 印度草医学

die Berufssparte, -n 职业领域

die Blockade, -n 封锁，神经阻滞

die Einatmung (nur Sg.) 吸气

der Energiefluss, -ü-e 能量流动

die Fußreflexzonenmassage, -n 足底按摩

die Fußsohle, -n 脚掌，脚底

die Hand, -ä-e 手 *Hand in Hand gehen* 携手并进

der Handgriff, -e 把手，操作，举手之劳

der Heilpraktiker, - （未经国家考核但持有营业执照的）行医者，医士

das Heilverfahren, -en 疗法，治疗过程

die Homöopathie (nur Sg.) 类似疗法，顺势疗法

die Inhalation, -en 吸入，为治疗或麻醉而吸入气体

die Kapsel, -n 胶囊，外壳

die Kinesiologie (nur Sg.) 运动机能学

die Lockerung, -en 放松

das Muskelgewebe, - 肌肉组织

der Nachweis, -e 证明，证据

das Naturheilverfahren, - 自然疗法

die Nebenwirkung, -en 副作用

die Osteopathie (nur Sg.) 整骨疗法

das Pflanzenextrakt, -e 植物提取物

der Schulmediziner, - 学校医生

das Yoga (nur Sg.) 瑜伽

Verben 动词

anregen, regt an 使兴奋，刺激，促进

beruhen (auf) 根据，依据，以……为基础

erbringen, erbringt, erbrachte, hat erbracht 产生，带来，提供

heilen 治疗，使摆脱，愈合

verdünnen 稀释，冲淡

Adjektive 形容词

ätherisch 芬芳的，超凡脱俗的，乙醚的

autogen 自生的，自然发生的

bedenkenlos 毫无顾虑的，不加思索的

ganzheitlich 全面的，整体的

giftig 有毒的，刺目的，凶猛的

schonend 温和的，委婉的，小心翼翼的

synthetisch 合成的，人造的

Adverb 副词 ···

demnach 因此，因而

derart 如此，这样

E Ausgebrannt: Was die Seele krank macht

Nomen 名词 ···

der Aberglaube (nur Sg.) 迷信，巫术

der Anspruch, -ü-e (an) 要求，权利

der Appell, -e 呼吁，号召，集合

der Bezug, -ü-e 关系，套子，弦

die Effizienz, -en 效率，效能

der/die, Erkrankte, -en 病人

das Fallbeispiel, -e 案例，个案

die Forderung, -en 要求，需求

die Gereiztheit (nur Sg.) 神经过敏，神经质

die Göttersage, -n 神话

die Leistungsminderung, -en 性能降低

der Leserbrief, -e 读者来信

der Mythos, Mythen 神话，传说，传奇

die Panik (nur Sg.) 恐慌，混乱，惊慌

der Pessimismus (nur Sg.) 悲观主义，厌世主义

das Phänomen, -e 现象，奇迹

die Präsenz, -en 到场，出席

die Priorität, -en 优先，领先，优先权

die Psyche, -n 心灵，灵魂，心理

der Rücktritt, -e 辞职，下台，解约

der Sachverhalt, -e 事实情况，实情，真相

die Schlaflosigkeit, -en 失眠

die Seele, -n 灵魂，心灵，情感

die Verallgemeinerung, -en 一般化，普遍化，概括

die Vergessenheit (nur Sg.) 遗忘，忘记 *in Vergessenheit geraten* 被遗忘

die Volkskrankheit, -en 常见病

die Vorbeugung, -en 保护措施，预防措施

die Vorstandssitzung, -en 董事会（或理事会）会议

das Warnsignal, -e 报警信号

Verben 动词 ··

appellieren 呼吁，唤起

bedürfen, bedarf, bedurfte, hat bedürfen 需要，要求

eingestehen, gesteht ein, gestand ein, hat eingestanden 承认，供认

negieren 否定，否认，拒绝

regenerieren 使再生，恢复生机

scheitern 落空，失败

schleppen (sich) 扛，拖，牵引

schwinden, schwindet, schwand, ist geschwunden 消失，减少，收缩

überdenken, überdenkt, überdachte, hat überdacht 重新考虑，深思熟虑

vorwerfen, wirft vor, warf vor, hat vorgeworfen 责备，批评，把……往前扔

wegreden, redet weg 说服

Adjektive 形容词 ··

antriebslos 没有内驱力的，趋于被动的

ausgebrannt 烧毁了的，精疲力尽的

ausgepowert 受尽剥削的

entkräftet 丧失体力的，疲劳的，虚弱的

ermattet 疲惫的，困顿的

kräfteschonend 省力的

latent 隐藏的，潜在的

sachlich 客观的，实事求是的，实质性的

schnelllebig 短暂的

bedauerlicherweise 很抱歉，令人遗憾的是，不幸的是

allererst 首先，首要的是

F Lachen ist gesund

Nomen 名词 ……………………………………………………………………………………

der Analytiker, - 分析人士，分析师，化验员

das Antidepressivum, Antidepressiva 抗抑郁剂

der Äquator, -en 赤道

die Bettkante, -n 床沿

der Block, -ö-e 楼区，块，群组

der Chirurg, -en 外科医生

der Gang, -ä-e 行走，运转，过程 *in die Gänge kommen* 开始进行

die Glosse, -n 注释，疑难词语，讽刺性的评语

der Kabarettist, -en 小型歌舞演员

die Laune, -n 心情，情绪 *die Laune hebt sich* 情绪好转

die Niederlage, -n 失败，失利

die Prämie, -n 奖金，奖赏，保险费

der Schwanz, -ä-e 尾巴，末尾

der Schweinehund, -e 猪猡，卑鄙的家伙

    der innere Schweinehund 内心的懒惰，懦怯的心理

die Snooze-Taste, -n 贪睡按键

die Stange, -n 杆，条 *bei der Stange halten* 促使……坚持或不放弃做某事

der Tumult, -e 喧哗，吵闹，骚乱

die Überwindung, -en 克服，克制

der/die Verbündete, -n 同盟者，盟国，盟友

Verben 动词 ……………………………………………………………………………………

antun, tut an, tat an, hat angetan 给带来，使迷恋

beuteln 艰辛，困难，鼓起（指衣服等）

domestizieren 驯养，驯化

drücken (sich) (vor) 逃避

eichen (auf) 擅长某事，校准

flüstern 耳语，轻声低语

gönnen 赏赐，给予，乐于看到

imponieren 给人深刻印象，使人敬佩

imprägnieren 浸渍，防水

kacken 大便，拉屎

missbilligen 不同意，不赞成

triumphieren 击败，战胜，感到喜悦

unterbrechen, unterbricht, unterbrach, hat unterbrochen 暂停，中断，打断

verraten, verrät, verriet, hat verraten 背叛，泄密，透露

versauen 把……弄糟，弄脏，搞坏

wedeln 摇尾巴，摆动，弹掉

Adjektive 形容词 ···

handfest 明显的，结实的，确凿的

langwierig 费时的，漫长的，慢性的

lebensmüde 对生活厌倦的，厌世的

prächtig 豪华的，华丽的，出色的

saisonal 季节性的

vielversprechend 大有希望的，颇有前途的

Wendung 习惯用语 ···

Gassi gehen 遛狗

Lektion 9 第九课

A Gefühle

Nomen 名词 ···

die Berechnung, -en 计算，估计，自私自利

die Einsicht, -en 理解，认识，理智

der Ekel (nur Sg.) 恶心，厌恶，讨厌

die Furcht (nur Sg.) 害怕，畏惧

der Gedichtband, -ä-e 诗集，诗卷

die Gestik (nur Sg.) 姿态，手势语

die Höhe, -n 高度，数额 *auf der Höhe der Zeit* 在时代前沿

der Kommentator, -en 注释者，注解者，评论员

die Mimik (nur Sg.) 面部表情

der Name, -n 名字，名义 *sich einen Namen machen* 出名，成名

die Scham (nur Sg.) 羞耻心，惭愧，害羞

die Sehnsucht, -en 渴望，向往，思念

die Spalte, -n 裂缝，栏，纵列

der Unsinn (nur Sg.) 无意义，胡闹，胡说八道

der Verstand (nur Sg.) 理智，智力，理解

Verben 动词 ···

auseinandersetzen (sich) (mit), setzt auseinander 深入研究或分析，解释，辩论清楚

bemitleiden 同情，怜悯

ekeln (vor) 使恶心，感到厌恶

erahnen 预感到，隐约意识到，猜测到

erröten 脸红，发红，羞红

sehnen (sich) (nach) 怀念，想念，渴望

trauern (um) 悲哀，悲痛，哀悼

verweben 交织，使纠结在一起，把……织进

zittern 发抖，颤抖，害怕

Adjektive 形容词 ....

aussichtslos 毫无希望的

lächerlich 可笑的，荒谬的

leichtsinnig 草率的，轻率的，轻浮的

nonverbal 不使用语言的，非语言的

umstritten 尚无定论的，有争议的，有待商榷的

unleserlich 无法辨认的，不可辨读的

verlegen (od. v.) 尴尬的，难堪的，起皱的

B Emotionen

Nomen 名词 ....

die Abneigung, -en 不喜欢，反感，厌恶

der Anpassungsmechanismus, Anpassungsmechanismen 适应机制

die Bewährung, -en 证明自己

die Bindung, -en 联系，关系

die Emotion, -en 情绪，情感

die Glückseligkeit (nur Sg.) 幸福，喜悦

die Heiterkeit (nur Sg.) 兴高采烈，爽朗大笑

das Maximum, Maxima 最大值，最高值，最大限度

die Prise, -n 一点点，一小撮，战利品

der Selbstzweifel, - 自我怀疑

das Spektrum, Spektren 多种多样，丰富多彩

die Vorliebe, -n 偏爱，嗜好

die Widerstandskraft, -ä-e 抵抗力

Verben 动词 ....

angreifen, greift an, griff an, hat angegriffen 攻击，抨击，损害

ausblenden, blendet aus 使淡出，使渐隐

ausrichten (auf), richtet aus 使对齐，对准，转达

begünstigen 有利于，促进，优待

beitragen (zu), trägt bei, trug bei, hat beigetragen 为……作贡献

drohen 威吓，威胁，面临

festigen 加强，增强，巩固

mobilisieren 动员，使行动起来，使恢复活动

unterschätzen 低估

verkriechen, verkriecht, verkroch, hat verkrochen 躲藏，藏起来

Adjektive 形容词 ·······································

angeboren 天生的，先天的，天赋的

effektiv 实际的，有效的

entsetzt (über) 吃惊的，惊恐的，震惊的

erstaunt (über) 惊奇的，惊讶的

gerührt (von) 感动的，惊动的

kontraproduktiv 适得其反的，产生不良后果的

permanent 永久的，长期的，持续稳定的

sichtbar 看得见的，显而易见的，明显的

unmittelbar 直接的，紧挨着的

unscheinbar 不显眼的，不显著的，不引人注目的

verkörpert 体现的，化身的

wünschenswert 值得向往的

C Stark durch Gefühle

Nomen 名词 ···

der Dreh, -s 转动，拍摄

die Dreharbeiten (nur Pl.) 电影拍摄工作

die Filmcrew, -s 电影摄制组

der Hauptdarsteller, - 主角，头号演员

die Inhaltsangabe, -n 内容提要

die Komik (nur Sg.) 喜剧，滑稽，可笑

das Leben, - 生活，生命 *sich das Leben nehmen* 自杀，轻生

die Reinigungskraft, -ä-e 清洁力，清洁工

der Retter, - 救赎者，救星，救援人员

das Schaf, -e 绵羊 *das schwarze Schaf* 害群之马，败类

der Selbstmord, -e 自杀

der Stiefvater, -ä 继父

der Versager, - 失败者，失灵的东西

Verben 动词 ···

rauswerfen, wirft raus, warf raus, hat rausgeworfen 踢开，驱逐，抛弃

schätzen 估计，猜想，重视

verhindern 阻碍，阻挡，妨碍

zutreffen, trifft zu, traf zu, hat zugetroffen 适合，适用

Adjektive 形容词 ···

barfuß (od. Adv.) 赤脚的，光脚的

klischeehaft 刻板的，公式化的，老一套的

rührend 动人的，感人的，亲切的

snobistisch 假装绅士的，附庸风雅的

zerknirscht 后悔的，悔恨的

Adverb 副词 ···

schätzungsweise 大概，估计，大约

D Gefühle verstehen

Nomen 名词 ···

der Bogen, -ö 曲线，拱形，（纸）张

das Einerlei (nur Sg.) 千篇一律，单调

das Fernweh (nur Sg.) 向往远方，渴望去远方

das Fluchtszenario, Fluchtszenarien 逃离场景

die Füllfeder, -n 钢笔

das Geheimnis, -se 秘密，奥秘

das Gewissen, - 良心，良知

die Hand, -ä-e 手 *zur Hand nehmen* 拿起来

die Initiale, -n 首字母，大写花体字

die Kappe, -n 帽子，盖子

die Papeterie, -n 文具纸张店，文具纸张用品

der Ringfinger, - 无名指

die Schläfe, -n 太阳穴，鬓角

die Tinte, -n 墨水

die Wellenlinie, -n 波状线，波纹线

Verben 动词

abfinden (sich) (mit), findet ab, fand ab, hat abgefunden 补偿，使甘心，使满足于

aufzählen, zählt auf 列举，清点数目

betrachten 注视，观察，看作

eintrocknen, trocknet ein 晾干，使干燥，使干瘪

falten 折叠，起皱，使交叠

garantieren 保证，担保，保障

nachhängen, hängt nach, hing nach, hat nachgehangen 沉浸于，陷于，停顿

offenbaren 公开，显示，吐露心事

schrauben 拧，盘旋而上，提高

veranschaulichen 形象说明，生动表明

Adjektive 形容词

altruistisch 利他的，无私心的，慷慨的

eintönig 单调的，无聊的

erneut 重新的，再次的

selbstbezogen 以自我为中心的，自我中心主义的

E Fingerspitzengefühl

Nomen 名词

der Daumen, - 拇指 *die Daumen drücken* 祝某人成功或好运

der Einwand, -ä-e 反对（意见），异议，抗议

das Fingerspitzengefühl (nur Sg.) 细致的感觉，敏锐的鉴别力，敏感性

die Ratlosigkeit, -en 不知所措，无计可施，一筹莫展

der Schreck, -e 惊恐，恐吓

die Untreue (nur Sg.) 不忠实，背信弃义

das Vorleben, - 过去的经历

Verben 动词 ••

bereuen 后悔，懊悔，悔恨

provozieren 故意激怒，挑衅，激发

schmeicheln 奉承，恭维，迎合

F Gemischte Gefühle

Nomen 名词 ••

das Auge, -n 眼睛 *ins Auge sehen* 正视

die Ausstrahlungskraft, -ä-e 魅力

das Benehmen, - 举止，行为，态度

das Erfolgsrezept, -e 成功秘诀

die Erpressung, -en 敲诈，勒索，榨取

das Gespenst, -er 鬼怪，幽灵

die Manipulation, -en 熟练操作，操纵，诡计

die Tapferkeit, -en 勇敢，勇气

das Vorhandensein (nur Sg.) 存在，现存，在场

Verben 动词 ••

befreien (sich) (von) 解放，解救，免除

bewältigen 克服，胜任，解决

entziehen, entzieht, entzog, hat entzogen 抽出，撤销，避开

hochkommen, kommt hoch, kam hoch, ist hochgekommen 高涨，（从下面）
　　上来，振作起来

kreisen (um) 旋转，盘旋，循环

verborgen 出借，借给，借贷

wehren (sich) (gegen) 自卫，防御，防止

Adjektive 形容词 ···

belastend 负担重的，罪证的

Wendung 习惯用语 ···

zunutze machen 利用

Lektion 10 第十课

A Raus in die Welt

Nomen 名词 ···

der Ansatz, -ä-e 开端，征兆，估计

das Au-pair, - 互惠生

der Auslandsaufenthalt, -e 留居国外，国外逗留

der Auslandseinsatz, -ä-e 海外派遣

der Behördengang, -ä-e 与官方打交道

das Entgegenkommen (nur Sg.) 迎合，迁就，妥协

die Entsendung, -en 派遣，派出，发送

die Fliege, -n 苍蝇

   mehrere Fliegen mit einer Klappe schlagen 一石二鸟，一举多得

das Hindernis, -se 障碍，阻碍，困难

der Horizont, -e 眼界，视野，见识

die Hürde, -n 难关，障碍，阻碍

der Kontext, -e 上下文，语境，关联

der Leib, -e 躯体，肉体，身体

die Mentalität, -en 心性，心态，精神气质

der Neubeginn, -e 重新开始，新篇章

der Pluspunkt, -e 得分，赢分，加分

die Referenz, -en 推荐，介绍

der Rückkehrer, - 回归者

die Stellungnahme, -n 表态，发表看法，发表意见

die Stilebene, -n 语体（或文体）层面

der Studienabschluss, -ü-e 结束学业，大学毕业

der Studienplatz, -ä-e 学习位子，就读机会

die Tasche, -n 包，口袋 *in der Tasche haben* 稳操胜券

das Wasser, - 水，水面 *sich über Wasser halten* 勉强糊口，维持生计

die Zertifizierung, -en 证明，认证

Verben 动词 ···

abwägen, wägt ab 权衡，斟酌，思量

abzahlen, zahlt ab 分期付款，分期偿还

anfreunden (sich) (mit), freundet an 成为好友，结交，交友

auswandern 移居国外，移民

festgefahren 搁浅，抛锚，进退两难

fühlen 感觉 *sich fehl am Platz fühlen* 感到局促不安，难以适应

hocharbeiten (sich), arbeitet hoch 努力工作爬上高职位

nerven 使人烦躁，讨厌，让人受不了

profitieren 受益，获利，得到好处

satthaben, hat satt, hatte satt, hat sattgehabt 厌倦，烦了，受够了

überstehen, übersteht, überstand, hat überstanden 忍住，克服，经受住

vermeiden, vermeidet, vermied, hat vermieden 避免，回避，避开

verwirklichen 实现，成为

Adjektive 形容词 ···

erheblich 显著的，可观的，重要的

farbig 彩色的，绚丽多彩的，形象生动的

förmlich 正式的，刻板的，生硬的

hautnah 亲身，近距离的，直接

konkret 具体的，有形的，实际的

lebhaft 活泼生动，机灵敏捷，明快热烈

nachteilig 不利的，有害的，吃亏的

sämtlich 悉数的，所有的，全部的

spezifisch 特殊的，特定的，特别的

steif 僵硬的，呆板的，固执的

turbulent 喧嚣的，骚动的，闹哄哄的

überkritisch 挑刺的，吹毛求疵的

unbeschadet 无损于，不伤害，不影响

vorteilhaft 有益的，有利的，合算的

Wendung 习惯用语 ·····································

o. Ä. 或者类似的，诸如此类的（oder Ähnliches的缩写形式）

B Studieren im Ausland

Nomen 名词 ···

die Anerkennung, -en 承认，认证，赞赏

die Anrechnung, -en 评估，评价

der Anreiz, -e 刺激，鼓励，推动

der Aufwand, -ä-e 费用，开支，开销

das Darlehen, - 贷款，信贷，借款

das Elternhaus, -ä-er 父母的家，父母的住所

das Gesundheitssystem, -e 医疗体制，卫生保健系统

das Glied, -er 环节，部分，成员

das Herz, -en 心脏，心绪 *schweren Herzens* 心情沉重地

die Hinsicht, -en 在……方面，程度，状况

das Kernziel, -e 中心目标，核心目的

der Mehraufwand, -ä-e 额外费用，额外花销，额外开支

die Regelstudienzeit, -en 规定学业时长，常规学习年限

die Schultüte, -n （小学生）入学礼品袋

die Seele, -n 灵魂，精神，心理

das Stipendienprogramm, -e 奖学金计划，奖学金项目

die Strukturierung, -en 结构，构造

das Studienfach, -ä-er （大学）专业

die Vereinheitlichung, -en 统一化，一致化，标准化

Verben 动词 ···

anregen, regt an 启发，建议，促进

bringen 带来，送 *mit sich bringen* 带来，引起，导致

einleben (sich), lebt ein 习惯于，适应于

immatrikulieren 大学注册，办理入学手续

münden （江河）流入，通到……为止，归属于

nahelegen, legt nahe 恳请，提请，规劝

verschlafen 因睡觉而耽搁，睡过头

Adjektive 形容词 ···

einheitlich 一体的，统一的，一致的

geisteswissenschaftlich 人文社科的，文科的

gewählt 挑选的，选定的，讲究的

kulturwissenschaftlich 文化学的，文化研究的

maßgeblich 决定性的，权威的，关键的

mittelfristig 中期的

naturwissenschaftlich 自然科学的，理科的

trüb 暗淡的，浑浊的，没劲的

vorübergehend 短暂的，权宜的，临时的

wesentlich 本质的，实质的，主要的

zusätzlich 额外的，附加的，补充的

Adverb 副词 ···

dennoch 尽管，仍然，还是

gleichwohl (od. Konj.) 虽然，仍然

Konjunktion 连词 ···

nichtsdestotrotz 然而，虽然如此

nichtsdestoweniger 尽管如此，然而

obgleich 虽然，尽管

obschon 即使，虽然

wenngleich 虽然，尽管

Präposition 介词 ···

ungeachtet 尽管，无论，不管

C Wege ins Ausland

Nomen 名词

die Agentur, -en 代理处，经办处

die Aufenthaltsgenehmigung, -en 居留许可

der Belang, -e 重大事宜，要紧的事

die Branche, -n 行业，部门，学科门类

die Dienstleistung, -en 效劳，服务

das Einwanderungsland, -ä-er 移民目的国

die Erwerbsquote, -n 就业率

der Freiwilligendienst, -e 志愿服务

die Gelassenheit, -en 镇定，平静，从容

die Geschäftsidee, -n 商业思想，经营理念

der Internetzugang, -ä-e 互联网入口，网络接口

die Konvention, -en （国家之间的）公约条约，协议协定，习俗惯例

das Muss (nur Sg.) 强制，必要，必须

das Netzwerk, -e 网络

die Schranke, -n 栅栏，界限，隔阂

der Wirtschaftszweig, -e 经济部门，产业领域

Verben 动词

abraten (von), rät ab, riet ab, hat abgeraten 劝阻，劝人别干某事

nachsagen, sagt nach 复述，重述，背后议论

umsetzten, setzt um 把……付诸实施，把……转化

Adjektive 形容词

atemberaubend 令人窒息的，叹为观止的

erforderlich 必须的，重要的，不可缺少的

etabliert 开创的，设立的，既定的

lokal 当地的，本土的，地方的

regional 区域性的，地区性的

unternehmerisch 企业的，创业的

Adverb 副词 ···

mitunter 偶尔，间或，有时

D Vorbereitungen

Nomen 名词 ···

die Altersbegrenzung, -en 年龄限制，年纪要求

das Anliegen, - 关切的事，请求，要求

die Berechtigung, -en 权利资格，合法性，正当性

das Doppelzimmer, - 标准间，双人房

die Dynamik, -en 活力，动力，生命力

die Einbürgerung, -en 归化，入籍

das Einzelzimmer, - 单人间

der Erhalt, -e 收到，接到，保持

der Fernsehanschluss, -ü-e 电视连接

der Gastwissenschaftler, - 客座专家，访问学者

der Geist, -er 精神 *im Geiste* 在精神上，在思想里

der Gründer, - 创始人，创建者

das Jahreseinkommen, - 年收入，年金

der Mangelberuf, -e 劳动力短缺的职业

die Nachwuchsführungskraft, -ä-e 未来领导人才，储备干部，管培生

die Niederlassung, -en 分店，分行，分公司

der Rahmen, - 框架 *im Rahmen + Gen.* 鉴于，在……情况下/范围内

der Rückruf, -e 回拨，回电话，（产品）召回

der Tisch, -e (zu Tisch sein) 桌子，台子（就坐用餐，入席）

der Versicherungsschutz (nur Sg.) 保险保障，保险

das W-LAN, -s 无限局域网

Verben 动词 ···

aufhalten (sich), hält auf, hielt auf, hat aufgehalten 逗留，停留

ausrichten, richtet aus 传达，对准，筹办

bedauern 同情，怜悯，遗憾

bewilligen 批准，同意，准予

entfalten 发挥施展，展开，详细说明

hinterlassen, hinterlässt, hinterließ, hat hinterlassen 留下，遗留，传给

verweisen (auf), verweist, verwies, hat verwiesen 指向，指出

zurückrufen, ruft zurück 回电，召回，使回忆起

Adjektive 形容词 ···

ehrenamtlich 义务的，荣誉的，志愿的

schnellstmöglich 最高速的，最大可能的

wunschgemäß 如愿的，称心的

zuständig 负责……的，主管……的

E Ankommen

Nomen 名词 ···

die Aufstellung, -en 清单，提名，陈列

der Auszug, -ü-e 搬家，摘录，摘要

die Beendigung, -en 结束，完成，终结

die Bemerkung, -en 意见，评论，注释

die Grundmiete, -n 基本租金

die Haftung, -en 责任，保证，担保

die Hausordnung, -en 房屋注意事项，住房管理条例

das Inventar (nur Sg.) 财产，设备，家具

die Kaution, -en 保证金，保释金，押金

die Kondition, -en 情况，状况，支付条件

der Mietrückstand, -ä-e 拖欠租金，欠房租

die Mitwohnzentrale (nur Sg.) 提供短租公寓业务的中介机构

die Nutzungsbedingung, -en 使用条件

das Objekt, -e 物质，物体，目标对象

der Paragraph, -en 章节，条款，段落

der Rückumschlag, -ä-e 回邮信封

die Sicherheitsleistung, -en 担保，保释，保险保障

die Übernahme, -n 接收，验收，承担

die Untervermietung, -en 转租

die Verlängerung, -en 延长，延期，延时

der Verstoß, -ö-e 违反，违背，犯规

die Vorschrift, -en 规章，准则，制度

der Werktag, -e 工作日

das Wohnheim, -e （学生）宿舍，公寓

Verben 动词 ···

abnutzen, nutzt ab 磨损，用旧，用坏

anerkennen, erkennt an, erkannte an, hat anerkannt 承认，认定，赞赏

beseitigen 清除，去除，消除

duften 散发香气，发出香味

entrichten 缴纳，偿付

erfrischen 提神，清醒，使清爽

erheben, erhebt, erhob, hat erhoben 举起，提出，提升

stattgeben, gibt statt, gab statt, hat stattgegeben 准予，同意，批准

verderben, verdirbt, verdarb, hat verdorben 损坏，伤害，破坏

verpflichten (sich) 对……承诺，承担义务

Adjektive 形容词 ···

adressiert 寄给……的

frankiert 邮资已付的

fristlos 不给期限的，即刻生效的

gewerblich 商业的，商用的，从业的

möbliert 配有家具，带家具的

polizeilich 警察的，警务的，警方的

schwerwiegend 严重的，重大的，重要的

übermäßig (od. Adv.) 过量的，过多的（极其，过度）

Präposition 介词 ··

zuzüglich 加上，连同，包括

F Kultur hier und da

Nomen 名词 ··

die Akkulturation, -en 文化适应，文化融入

die Angleichung, -en 同化，适应

die Annäherung, -en 接近，亲近，近似

die Anpassung, -en 调整，适应

die Berührung, -en 触碰，接触，提及

die Bestürzung, -en 惊慌失措，震惊，惊愕

der/die Entsandte, -n 使者，派出的代表

die Euphorie, -n 兴奋，亢奋，精神快感

die Gegebenheit, -en 事实，实际，条件

die Häufigkeit, -en 经常性，频率

die Hochstimmung, -en 精神抖擞，兴致昂扬，得意洋洋

das Individuum, Individuen 个人，个体

die Kühltruhe, -n 冰柜，冷冻柜

der Kulturschock, -s 文化休克，文化冲击

der Neuankömmling, -e 新来的人，刚来的人

der Rausch, -ä-e 醉意，陶醉，迷离恍惚

die Stabilisierung, -en 安定，稳定，巩固

der Umstand, -ä-e 状态，境况，情形

Verben 动词 ··

auslösen, löst aus 触发，引起，招致

bereichern 充实，丰富，致富

kennzeichnen 标记，表明，表示

pflastern 铺路，铺设

variieren 改变，变动，使变化

widerspiegeln (sich), spiegelt wider 反射，反映，表现

Adjektive 形容词 ··

interkulturell 不同文化间的，跨文化的

länderübergreifend 国家之间的，跨国的

Lektion 11 第十一课

A Natur

Nomen 名词 ···

der Ast, Ä-e 树枝，桠枝，分支

das Bächlein, -s 小溪，溪流

der Berghang, -ä-e 山坡，山腰

die Biene, -n 蜜蜂

die Blüte, -n 花朵，开花

die Butterblume, -n 黄花植物，金凤花

das Eichhörnchen, - 松鼠

der Flügelschlag, -ä-e 振翅，拍动翅膀

der Frosch, -ö-e 青蛙，蛤蟆，蛙类

der Frost, -ö-e 冰冻，霜冻，严寒

die Hecke, -n 树篱，绿篱，灌木丛

der Igel, - 刺猬

der Käfer, - 甲壳虫

das Kraut, -ä-er 香草，药草，草药

das Laub (nur Sg.) 叶子，树叶

die Mücke, -n 蚊子

der Schmetterling, -e 蝴蝶

der Sonnenschein, -e 阳光，日照

die Spinne, -n 蜘蛛

das Sternenzelt (nur Sg.) 星空，星光闪烁的天幕

das Tal, -ä-er 山谷，谷地

der Tau (nur Sg.) 露水

der Umschlag, -ä-e 信封，封皮

das Vorwort, -e 前言，序言

der Wipfel, - 树梢

Verben 动词 ··

ausbreiten (sich), breitet aus 蔓延，传播，展现

blenden 使目眩，迷惑，给……强烈的印象

dampfen 蒸发，散发

färben 染色，着色，上色

gefrieren, gefriert, gefror, ist gefroren 结冰，凝固，冻结

grünen 发绿，变青，抽芽

huschen 掠过，一闪而过

lähmen 使瘫痪，使停顿，使不能移动

personifizieren 拟人化，人格化

pfeifen 吹口哨，（动物）鸣叫，（汽车）鸣笛

rauschen 流水潺潺，（树叶）沙沙作响，（风）怒号

schmelzen, schmilzt, schmolz, ist geschmolzen 融化，消融，熔化

seufzen 叹气，叹息，呻吟

spannen 拉紧，绷紧，拧紧

tauen 下露，降露

welken 枯萎，凋谢，萎缩

Adjektive 形容词 ··

dürr 消瘦的，贫瘠的，干枯的

goldgelb 金黄色的

heiter 晴朗的，开朗的，轻松愉快的

kahl 光秃秃的，秃顶的，光头的

melancholisch 忧郁的，忧伤的

mild 温和的，柔和的，和善的

nichtssagend 无内容的，无意义的，空洞空泛的

oberflächlich 表面的，肤浅的，不深入细致的

saftig 多汁的，嫩的，葱郁的

starr 僵硬的，呆板的，固执的

tagtäglich 每天的

tiefsinnig 深刻的，深奥的，透彻的

verblüht 枯萎的，衰败的，凋谢的

Adverb 副词 ⋯⋯⋯⋯⋯⋯⋯⋯⋯⋯⋯⋯⋯⋯⋯⋯⋯⋯⋯⋯⋯⋯⋯⋯⋯⋯⋯⋯

inmitten (od. Präp.) 在⋯⋯中间，在⋯⋯当中

B Von der Natur lernen

Nomen 名词 ⋯⋯⋯⋯⋯⋯⋯⋯⋯⋯⋯⋯⋯⋯⋯⋯⋯⋯⋯⋯⋯⋯⋯⋯⋯⋯⋯⋯⋯

das Allerweltsprodukt, -e 日常用品

das Anwendungsgebiet, -e 使用领域，应用范围

die Bionik (nur Sg.) 仿生学

der Bioniker, - 仿生学家

der Dachziegel, - 屋瓦，瓦

die Disziplin, -en 学科，科目，项目

der Dorn, -en （植物的）刺，荆棘

die Ente, -n 鸭子

die Errungenschaft, -en 成绩，成就

der Fallschirm, -e 降落伞

der Farbfleck, -e 色斑，色渍

die Fassade, -n 房屋立面，外表，表面

die Feindabwehr (nur Sg.) 敌军防御

der Fleck, -en 斑点，污渍，瑕疵

die Flugkunst, -ü-e 飞行技术，领航

der Gegner, - 对手，反对者，敌人

die Genialität, -en 天才，智巧，贤明

die Gepäckablage, -n （车厢内的）行李架，存放行李的装置

das Glanzstück, -e 杰作，顶级产品，名著

das Häkchen, - 小钩子

die Hochkonjunktur, -en （经济）繁荣景气，蓬勃发展

der Hubschrauber, - 直升机

die Keramik, -en 陶瓷制品

die Klette, -n 牛蒡

der Klettverschluss, -ü-e 魔术贴，魔术粘

die Konstruktion, -en 设计，构思

die Körperkontur, -en 身体轮廓

der Lehrmeister, - 老师，师傅，前车之鉴

das Lotusblatt, -ä-er 荷叶

der Lotuseffekt (nur Sg.) 莲花效应，荷花效应，荷叶效应

der Löwenzahn, -e 蒲公英

die Markise, -n （窗外）遮棚，遮帘

die Meisterleistung, -en 杰出的成就，杰作

das Mikroskop, -e 显微镜

die Noppe, -n 疙瘩，粒结

der Nylonstreifen, - 尼龙条纹

die Oberfläche, -n 表面，表层

das Paradebeispiel, -e 范例，典型例子，有说服力的例子

die Pinzette, -n 镊子，解剖钳

das Prinzip, -ien 原则，准则

das Reservoir, -e 储存，水库，蓄水池

die Ressource, -n 资源，财力，物力

der Samen, - 种子，籽，起源

die Schlange, -n 蛇，（等候的人们排起的）长队

die Schlaufe, -n 拎环，搭环，套圈

das Schmutzpartikel, - 脏颗粒，污染某物的粒子

die Schwimmflosse, -n 游泳脚蹼

die Schwimmhaut, -ä-e 蹼膜

das Silikon, -e 硅酮，硅树脂

der Stacheldraht, -ä-e 铁丝网，带刺铁丝网

das Stahlseil, -e 钢丝缆

das Staubpartikel, - 灰尘颗粒

die Tarnung, -en 伪装，欺瞒，隐瞒

das Textil, -en 纺织品

die Uniform, -en 制服

der Verschluss, -ü-e 搭扣，盖子，密封

das Vorbild, -er 榜样，典范，样板

das Wachskristall, -e 蜡晶体

der Wassertropfen, - 水滴

das Zeitalter, - 时代，年代

Verben 动词

abperlen, perlt ab （如珍珠般）滴下，滚落

anhaften, haftet an 附着，粘着，不能摆脱

anwenden, wendet an 使用，运用，使适用于

aufsprühen, sprüht auf 喷洒，喷雾，喷镀

bescheiden 赐予，赋予，满足于

einholen, holt ein 赶上，购买，征求

enthüllen 透露，暴露，为……揭幕

festklammern, klammert fest 夹住，扣住，紧抓着

inspirieren 激励，鼓舞，启示

konkurrieren 竞争

patentieren 登记专利，给予……专利权

schweben 飘过，回荡，悬而未决

stechen, sticht, stach, hat gestochen 刺，扎，蜇

tarnen (sich) 伪装，隐藏，掩盖……企图

übertragen, überträgt, übertrug, hat übertragen 转移；转播，传染

verleihen, verleiht, verlieh, hat verliehen 赋予，授予，出借

weben 编织，摇晃

zusammendrücken, drückt zusammen 压榨，压缩，挤压

Adjektive 形容词

akrobatisch 杂技的，特技的

architektonisch 建筑学上的，建筑构造上的，建筑艺术的

ausgereift 成熟的，到期的，充分考虑的

bahnbrechend 首创的，开创性的，划时代的

genial 天才的，独创的

genoppt 拉毛的

interdisziplinär 跨学科的

kleinteilig 小规模的

kugelförmig 球状的，圆的

längst 早就，很久以来

parat 准备好的，在手边的，随时可用的

rau 粗糙的，（食品）生的，（天气）恶劣的

unerschöpflich 取之不尽的，用之不竭的，没有限度的

wendig 易驾驶的，随机应变的，机智的

winzig 极小的，非常小的

Adverb 副词 ···

neuerdings 新近，最近，不久前

C Naturkatastrophen

Nomen 名词 ···

der Blizzard, -s 暴风雪，雪暴

die Diskretion, -en 谨慎，慎重

die Dürre, -n 干旱，旱灾

die Ebbe, -n 退潮，低潮，衰落

der Eisberg, -e 冰山

das Eiskristall, -e 冰晶，雪花

das Erdbeben, - 地震

die Erdrotation, -en 地球自转

der Erdrutsch, -e 土崩，山崩，滑坡

die Flut, -en 潮水，洪流

die Fontäne, -n 喷泉，喷水池

die Fuge, -n 接口，接缝 *aus den Fugen geraten* 四分五裂，瓦解，乱了套

die Gaswolke, -n 气体云

der Geysir, -e 间歇泉

das Hochwasser, - 洪水，（海的）高潮，（江河）高水位

der Hurrikan, -s 飓风

das Inferno, -s 地狱，灾难，恐怖景象

der/die Kältetote, -n 被冻死的人

die Lava (nur Sg.) （火山）熔岩

die Lawine, -n 雪崩

der Monsun, -e （东南亚的）季风

der Nachrichtenbeitrag, -ä-e 新闻稿件，新闻文章

die Nachrichtensendung, -en 新闻广播

der Nachrichtensprecher, - 新闻主播

die Naturkatastrophe, -n 自然灾害

das Naturschauspiel, -e 自然景观，自然奇观

das Notquartier, -e 紧急避难所

die Orkanböe, -n 飓风阵风

die Orkanstärke, -n 飓风强度

das Polarlicht, -er 极光

das Quecksilber (nur Sg.) 汞，水银

das Quiz (nur Sg.) 智力问答，竞猜

der Regenbogen, -ö-en 彩虹

der Regenfall, -ä-e 下雨，降雨

der Sandsack, -ä-e 沙袋

der Sandsturm, -ü-e 狂风沙，沙尘暴

die Sonnenfinsternis, -se 日食

der Sonnenuntergang, -ä-e 日落

die Strömung, -en 水流，气流，思潮

die Trockenperiode, -n 干燥周期，干旱季

der Tsunami, -s 海啸

das Unwetter, - 暴风雨

der Verlag, -e 出版社

der Vulkanausbruch, -ü-e 火山爆发

der Waldbrand, -ä-e 森林火灾，山火

die Yacht, -en 游艇

Verben 动词

ablösen (sich), löst ab 使某物与……分离，接替，偿还

ausstoßen, stößt aus, stieß aus, hat ausgestoßen 喷出，（猛烈地）发出，开除

erleiden, erleidet, erlitt, hat erlitten 遭受，遭遇

fegen 吹刮，（风暴）呼啸

fortreißen, reißt fort, riss fort, hat fortgerissen 带走，拉走，吸引

rutschen 滑行，滑下来，匆匆游逛

spucken 吐，吐唾沫，吐痰

stöhnen 呻吟，抱怨

strömen 流出，涌出，渗漏

Adjektive 形容词

authentisch 真实的，可信的

materiell 物质的，材料的

unaufhörlich 不停的，不间断的

Wendung 习惯用语

fix und fertig 精疲力竭，准备好了，全部结束了

hin und weg sein 陶醉的，着迷的

kreuz und quer 杂乱无章地，横七竖八地，纵横交错地

D Klimawandel

Nomen 名词

das Abgas, -e 废气

der Ansporn, -e 鞭策，鼓励，推动

die Arroganz (nur Sg.) 傲慢，狂妄自大

der Boss, -e 老板，上司，头目

die Computersimulation, -en 计算机模拟，电脑模拟

die Eiszeit, -en 冰河纪，冰期

die Erderwärmung (nur Sg.) 温室效应，全球气温升高

die Erscheinung, -en 现象，形象，出现

das Gewissen, - 良心，良知 *ins Gewissen reden* （严肃地）规劝某人

der Glaziologe, -n 冰川学家

die Gletscherschmelze (nur Sg.) 冰川融化

der Hype, -s 大肆宣传，炒作

die Jahrhundertflut, -en 百年一遇的洪水

der Klimawandel (nur Sg.) 气候变化

der Landstrich, -e （一片狭长的）地区，地带

der Meeresspiegel (nur Sg.) 海平面，海拔

die Menschenhand, -ä-e 人手，人力

der Meteorologe, -n 气象工作者，气象学家

die Polverschiebung, -en 极移

die Prognose, -n 预测，估计

das Recycling (nur Sg.) 回收利用

die Schwankung, -en 波动，变动，不稳定

die Spezies, - 种类，物种，形态

der Taifun, -e 台风

der Treibhauseffekt (nur Sg.) 温室效应

die Überschwemmung, -en 泛滥，淹没，洪水

die Umweltverschmutzung (nur Sg.) 环境污染

der Vorbote, -n 预兆，征兆，先驱

der Wirbelsturm, -ü-e 旋风

das Zutun (nur Sg.) 帮助，协助

Verben 动词

beruhen (auf) 根据，以……为依据，由于

entledigen (sich) 摆脱，除掉

ersetzen 替代，顶替，赔偿

verharmlosen 轻视，低估，淡化

verwüsten 使成为沙漠，毁掉

zurasen, rast zu 趋向于，朝着

Adjektive 形容词

erneuerbar 可再生的，可更新的

fatal 令人不愉快的，糟糕的，灾难性的

haltbar 可长久保存的，结实的，可防守的

plakativ 醒目的，显著的，突出的

verheerend 可怕的，毁灭性的，严重的

widerstandsfähig 耐抗的，结实的，不朽的

zynisch 玩世不恭的

Adverb 副词

geradezu 完全是，简直是

E Energie aus der Natur

Nomen 名词

der Anbetracht (nur Sg.) 涉及 *in Anbetracht* 鉴于，考虑到

der Bewohner, - 居民，住户

die Biomasse, -n 生物量，生物质，有机质

der Brennstoff, -e 燃料

die Deckung, -en 盖顶，抵押物，保证金

die Energieeffizienz, -en 能源效率，能效

das Erdöl, -e 石油

das Gerücht, -e 传闻，谣言

die Hand, -ä-e 手 *aus zweiter Hand* 二手

die Kapazität, -en 生产能力，营业额，容积

die Kohle, -n 煤，炭

der Kraftstoff, -e （发动机）燃料，动力燃料

das Methangas, -e 甲烷，沼气

die Solaranlage, -n 太阳能设备

die Windanlage, -n 风能设备

das Windrad, -ä-er 风车，风轮

Verben 动词

erzeugen 生产，引起，产生

verunstalten 使变丑陋，使变畸形，损毁……的外形

Adjektive 形容词

angeblich 所谓的，据说的

fossil 化石的

gesundheitsschädlich 有损于健康的，对健康有害的

klimafreundlich 不影响气候的，气候友好型的

F Ernährung – natürlich?

Nomen 名词 ·····································

der Argwohn (nur Sg.) 怀疑，猜疑，不信任

der Aufdruck, -e 压印，印记，字样

das Aufmerksamkeitsdefizit-Syndrom (nur Sg.) 注意力缺陷综合征(缩写：ADS)

der Darm, -ä-e 肠子，肠道，肠

das Erzeugnis, -se 产品，制品，作品

das Etikett, -en 标签，标记，标价牌

der Geschmacksverstärker, - 增味剂

die Gesetzesinitiative, -n 立法倡议

die Mischung, -en 混合物，融合体，混合

die Mixtur, -en 混合物，混合药剂

der Profit, -e 利润，收益，获利

das Siegel, - 图章，封印，标志

das Sortiment, -e 花色品种，商品种类

der Spitzenreiter, - 领头羊，领跑者

der Umsatz, -ä-e 销售额，营业额

die Verunsicherung, -en 不安，没信心，不知所措

das Vorjahr, -e 去年，上一年

der Warnhinweis, -e 警告，警示

das Zedernholz, -ö-er 雪松木，香柏木

die Zivilisation, -en 文明

der Zusatzstoff, -e 添加剂

Verben 动词 ·····································

aufholen, holt auf 赶上，弥补，拉平

beeinträchtigen 损害，妨碍，影响

rangieren 分级，排名，火车调轨

schütteln 摇动，晃动，颤抖

verlangen 要求，请求，盼望

Adjektive 形容词 ···

brisant 爆炸性的，高风险的

erntefrisch 新鲜收获的

fragwürdig 可疑的，有问题的

harmlos 无害的，轻度的，没危险的

nachhaltig 可持续的，持久的，长远的

naturschonend 自然友好型的

ökologisch 生态的，绿色环保的

pharmazeutisch 制药的，药剂的

raffiniert 精炼的，精制的，提纯的

schlicht 朴素的，简约的

unbedenklich 毫无疑问的，毫不犹豫的，毫不保留的

vorrangig 优先的，首要的，主要关切的

Adverb 副词 ···

zumal (od. Präp.) 尤其，特别

Kleine Wörter 其他词 ···

etliche 一些，若干

Lektion 12 第十二课

A Sprachlos

Nomen 名词 ··

der Aufschrei, -e 叫喊，尖叫，呼声

das Beileid (nur Sg.) 哀悼，悼念

die Bewunderung, -en 钦佩，赞美，赞赏

die Dankbarkeit, -en 感谢，谢意

die Enttäuschung, -en 失望

die Erleichterung, -en 减轻，缓和，轻松

das Feingefühl, -e 感情细腻，敏感性

der Fingerzeig (nur Sg.) 提示，指导，暗示

die Frechheit, -en 放肆，狂妄，傲慢

das Herz, -en 心脏，心灵 *übers Herz bringen* 忍心

der Himmel, - 天空 *aus heiterem Himmel* 从天而降地，出乎意料地

der Jackpot, -s 累计赌注，累积奖金，彩票大奖

die Konfrontation, -en 对质，对立，对抗

das Lotto, -s 彩票，博彩

die Missachtung, -en 蔑视，轻视，忽视

der Neid (nur Sg.) 嫉妒，羡慕

das Photon, -e 光子

der Scherz, -e 玩笑，笑话

der Stolz (nur Sg.) 自豪，骄傲

die Unverschämtheit, -en 厚颜无耻，放肆无礼，粗鲁

die Verärgerung, -en 愤怒

die Verzweiflung, -en 绝望

die Wut (nur Sg.) 愤怒，恼怒

Verben 动词 ···

beglückwünschen 祝贺，庆贺

bombardieren 轰炸，投掷，纠缠

knacken 咔嚓把……敲开，强行撬开，发出咔嚓声

röhren 怒吼

verschlagen 搅打，乱翻，使丧失 *die Sprache verschlagen* 哑口无言

weilen 逗留，停留

Adjektive 形容词 ···

ausgesprochen 非常的，特别的，极其明显的

kreidebleich 脸色苍白的，无血色的

Adverb 副词 ···

neulich 不久前，最近

sprachlos 哑口无言的，无语的，瞠目结舌的

unvorhersehbar 不可预见的，出乎意料的

B Nichts sagen(d)

Nomen 名词 ···

der Anknüpfungspunkt, -e 接触点，连接点，共同点

die Betriebsfeier, -n 公司庆典，企业庆祝会

der Faden, -ä- 线，线索，联系 *den Faden aufnehmen* 取得联系

die Gattin, -nen （他人的）夫人，妻子

die Hemmung, -en 阻碍，抑制，顾虑

der Menschenverstand (nur Sg.) 常识，理智，合理的看法

die Peinlichkeit, -en 难堪，尴尬

der Referent, -en 部门负责人，报告人

der Small Talk, -s 寒暄，闲聊

das Stocken 停顿，凝固，停滞 *ins Stocken kommen* 停滞不前

das Tabu, -s 禁忌，忌讳

das Taktgefühl (nur Sg.) 分寸感，礼节意识，节奏感

der Überfluss (nur Sg.) 丰富，富余，过多

die Vernissage, -n 艺术博览会开幕日

die Vertraulichkeit, -en 保密，亲密，亲近

Verben 动词 ···

abfragen, fragt ab 提问，询问

ableiten, gleitet ab 推导，得出，排出，来源于

aussparen, spart aus 略过，不提，空出

belehren 教会，劝导

betreiben, betreibt, betrieb, hat betrieben 推动，经营，从事

erwähnen 提及，提到

hüten (sich) (vor) 提防，谨防，避免

meiden, meidet, mied, hat gemieden 避开，回避，避免

pendeln 摆动，晃动，动摇

plaudern 闲谈聊天，泄露

polarisieren 使两极分化，使起偏振

scherzen 逗弄，戏弄，开玩笑

Adjektive 形容词 ···

bewandert 精通的，熟悉的，有经验的

heikel 困难的，棘手的，尴尬的

originell 新奇的，独特的，独创的

tiefschürfend 思想深刻的，透彻的

unverbindlich 不受约束的，不亲切的，不强制（购买）的

verbissen 含怒的，顽强的

verkrampft 拘束的，局促不安的

verlegen 难堪的，尴尬的，不知所措的

vornehm （出身）高贵的，高雅的，傲慢的

Adverb 副词 ···

ausnahmsweise 例外地，破例地

ins Fettnäpfchen treten 惹某人生气

C Die Kunst der leichten Konversation

Nomen 名词 ••

die Fertigkeit, -en 能力，技能

die Fragerei (nur Sg.) 问个不休，刨根问底

der Gang, -ä-e 行走，运转 *in Gang halten* 继续前进，持续运转

das Gerede (nur Sg.) 废话，空话，谣传

der Gesprächsabbruch, -ü-e 会谈中断，谈话中断

der Plausch, -e 闲谈，愉快的聊天

das Schwätzchen, - 闲聊

das Selbstbedienungsrestaurant, -s 自助餐馆

die Warteschlange, -n 排队，等候的长队，队列

Verben 动词 ••

lausen 搜身，捉虱子，骗取钱财

Adjektive 形容词 •••

scheußlich 丑陋的，恶劣的，令人不适的

D Mit Händen und Füßen

Nomen 名词 ••

die Beleidigung, -en 侮辱，诽谤，伤害

die Botschaft, -en 信息，公告，大使馆

der Gesichtszug, -ü-e 容貌，面部特征

die Geste, -n 手势，姿态

die Pantomime, -n 哑剧

die Schuhsohle, -n 鞋底

die Verständigung, -en 沟通，谅解，互相理解

der Weg, -e 道路，途径 *aus dem Weg gehen* 避开

Verben 动词 ....

deuten 解释，说明，指出

emporrecken, reckt empor 伸长，伸出

Adjektive 形容词 ....

universell 普遍的，广泛的，全部的

unrein 不干净的，不纯正的，不纯洁的

E Der Ton macht die Musik

Nomen 名词 ....

die Beschwerde, -n 抱怨，投诉，申诉

die Beschwerdestelle, -n 投诉部门

der Fahrkartenschalter, - 售票处，售票窗口

die Forderung, -en 要求，需求

die Kindertagesstätte, -n 日托托儿所

die Kompensation, -en 均衡，补偿，抵消

die Rückerstattung, -en 偿还，还款，报销

das Straßenverkehrsamt, -ä-er 交通管理局

der Ton, -ö-e 声音，声调，语气 *der Ton macht die Musik* 听话听音

das Übel, - 坏事，祸害，弊端

die Zumutung, -en 过分要求，苛求，无理要求

der Zutritt, -e 入场，入内，进入

Verben 动词 ....

benachteiligen 歧视，使吃亏，使不利于

beschimpfen 责备，骂人，辱骂

improvisieren 即兴创作，临时准备，临时安排

lauten 内容是，听起来

ruinieren 毁坏，损害，使破产

umtauschen, tauscht um 退换，兑换

versäumen 耽误，错过，疏忽

verweigern 拒绝

Adjektive 形容词 ···

präzise 精密的，精确的

starr 僵硬的，呆滞的，固执的

überfüllt 拥挤的，塞满的

überzogen 过多的，覆盖的，透支的

umgehend 立刻的，马上的

unangemessen 不恰当的，不相称的

ungeheuerlich 令人愤慨的，叫人害怕的

ungerecht 不公正的，不公平的

F Wer wagt, gewinnt

Nomen 名词 ···

die Abweichung, -en 偏差，异常，分歧

die Ausdrucksfähigkeit, -en 表达能力

die Bewältigung, -en 解决，应对，克服

die Darlegung, -en 说明，阐明，阐述

die Flüssigkeit, -en 流畅，流利，液体

die Gesprächsstrategie, -n 谈话策略

die Intonation, -en 语调，声调

der Kandidat, -en 候选人，考生，选手

der Protokollant, -en 记录员

der/die Prüfende, -n 检验员，考核人员

die Sprechabsicht, -en 讲话意图，讲话目的

die Tat, -en 行动，行为 *in die Tat umsetzen* 付诸实施，贯彻落实

die Verpflegung, -en 膳食，伙食

die Verwirklichung, -en 实现，现实化

Verben 动词 ···

einschätzen, schätzt ein 估计，评价

simulieren 假装，模拟

wagen 冒……的危险，敢于 *wer wagt, der gewinnt* 不入虎穴，焉得虎子

Adjektive 形容词 ···

angemessen 适当的，得体的，相称的

durchgehend 连续的，不间断的